Kleine Gesetzeskunde für Medizinalhilfspersonen

Krankenschwestern · Krankenpfleger
Kinderkrankenschwestern
Krankenpflegehelferinnen
Krankenpflegehelfer
Techn. Assistenten i. d. Medizin
Pharm.-techn. Assistenten
Krankengymnasten · Masseure
Masseure und med. Bademeister
und andere medizinische Hilfsberufe

13. überarbeitete Auflage

Von

DR. OTTO HELFER
Leitender Medizinaldirektor, Berlin

begründet mit

Berta Kaboth
Oberin a. D.

WALTER DE GRUYTER · BERLIN · NEW YORK
1972

ISBN 3 11 004092 1

 — Satz und Druck: Müller & Co. KG, Berlin 46

Vorwort zur 12. Auflage

Nachdem in der 11. Auflage bereits der neueste Stand des Krankenpflegegesetzes und des Mutterschutzgesetzes sowie erstmalig ein Abschnitt über die Staatsbürgerkunde in die „Kleine Gesetzeskunde für Medizinalhilfspersonen" einbezogen worden waren, konnten in der jetzt vorliegenden Neuauflage die gesetzlichen Bestimmungen über den Beruf des pharmazeutisch-technischen Assistenten mit der Ausbildungs- und Prüfungsordnung sowie die durch die Strafrechtsreform bedingten Änderungen der strafrechtlichen Bestimmungen berücksichtigt werden. Ferner mußte der Abschnitt Sozialversicherung besonders im Bereich der Krankenversicherung einige wesentliche Änderungen erfahren. Zwischenzeitlich erfolgte Gesetzesänderungen im Rahmen der Bekämpfung der Geschlechtskrankheiten und der Bundessozialhilfe wurden ebenfalls berücksichtigt.

So dürfte die „Kleine Gesetzeskunde" auch weiterhin allen künftigen Medizinalhilfspersonen während ihrer Ausbildung und zur Vorbereitung auf die staatliche Prüfung und über diese Zeit hinaus die gewünschte Unterstützung bieten und Lehrkräften sowie sonstigen Interessenten zur Kurzunterrichtung dienen.

Herbst 1970 Otto Helfer

Vorwort zur 13. überarbeiteten Auflage

Die neue Auflage der „Kleinen Gesetzeskunde für Medizinalhilfspersonen" berücksichtigt Änderungen der gesetzlichen Bestimmungen, die seit dem Herbst 1970 eingetreten sind. So ist das neue **„Gesetz über technische Assistenten in der Medizin"**, das am 1. 7. 1972 in Kraft tritt, an Stelle des zu diesem Zeitpunkt außer Kraft tretenden Gesetzes über die Ausübung des Berufs der medizinisch-technischen Assistentin von 1958, bereits aufgenommen worden. Die Ausbildungs- und Prüfungsvorschriften zu diesem Gesetz werden einbezogen, sobald sie im Laufe dieses Jahres erlassen worden sind.
Die Änderung der Prüfungsordnung für Krankengymnasten vom 25. 6. 1971 sowie einige Änderungen in der Sozialversicherung und hier besonders in der Krankenversicherung durch das Zweite Krankenversicherungs-Änderungsgesetz mit der Einbeziehung der Maßnahmen zur Früherkennung von Krankheiten im Rahmen der Regelleistungen wurden im gleichen Maße berücksichtigt wie die Neuregelung der Entschädigungsleistungen nach dem Bundes-Seuchengesetz. Darüber hinaus wurden verschiedene andere kleinere Ergänzungen und Berichtigungen notwendig, so daß die „Kleine Gesetzeskunde", jetzt wieder auf den neuesten Stand gebracht, weiterhin allen in der Ausbildung befindlichen Personen sowie den Lehrkräften für das Fach „Berufslehre — Gesetzeskunde" die erwartete Hilfe anbietet.

Frühjahr 1972 Otto Helfer

Inhalt

Noch im 19. Jahrhundert wurde die Krankenpflege vorwiegend von Angehörigen geistlicher Organisationen, in geringerem Umfange auch von weltlichen Genossenschaften ausgeübt. Nach dem Erlaß der Gewerbeordnung im Jahre 1869, die eine Berufsfreiheit sicherte, befaßten sich auch viele andere Personen mit der Ausübung der Krankenpflege, bis zum Anfang dieses Jahrhunderts Berufsorganisationen der Krankenschwestern die Einführung einer staatlich geregelten Ausbildung forderten. So entstanden 1907 die „Vorschriften über die staatliche Prüfung von Krankenpflegepersonen", die eine einjährige Ausbildung mit Prüfungsabschluß vorsahen. Eine wesentliche Änderung trat jedoch hierdurch nicht ein, da der Grundsatz der Berufsfreiheit bestehen blieb. Erst 1938 wurde durch das Gesetz zur Ordnung der Krankenpflege die Berufsfreiheit in der Krankenpflege aufgehoben und die berufsmäßige Ausübung von der Ablegung der staatlichen Krankenpflegeprüfung abhängig gemacht. Diese gesetzlichen Bestimmungen waren bis zum Juli 1957 gültig. Durch das **Gesetz über die Ausübung des Berufs der Krankenschwester, des Krankenpflegers und der Kinderkrankenschwester (Krankenpflegegesetz)** vom 15. 7. 1957 (BGBl. I S. 716) geändert durch das **Gesetz zur Änderung des Krankenpflegegesetzes** vom 20. 9. 1965 (BGBl. I S. 1443) in Verbindung mit dem Zweiten Gesetz zur Änderung des Krankenpflegegesetzes vom 3. 9. 1968 (BGBl. I S. 989) wurde eine neue gesetzliche Grundlage geschaffen.

Die §§ 1—5 dieses Gesetzes regeln die Erlaubnis zur Führung der Berufsbezeichnungen „Krankenschwester", „Krankenpfleger" und „Kinderkrankenschwester", soweit die Krankenpflege unter einer dieser Berufsbezeichnungen ausgeübt wird (§ 1 Abs. 1). Die Krankenpflege dieses Gesetzes umfaßt auch die Geisteskrankenpflege (§ 1 Abs. 2).

Die Erlaubnis wird erteilt, wenn die Teilnahme am Lehrgang und die bestandene Prüfung nachgewiesen werden (§ 2).

Die Erlaubnis wird versagt, wenn die Bewerberin (der Bewerber) sich eines Verhaltens schuldig gemacht hat, aus dem sich die Unzuverlässigkeit zur Ausübung des Berufs ergibt, oder wegen eines körperlichen Gebrechens, wegen Schwäche der geistigen oder körperlichen Kräfte oder wegen einer Sucht die für die Ausübung des Berufs erforderliche Eignung nicht besitzt (§ 3).
Die Erlaubnis wird zurückgenommen, wenn eine Voraussetzung für die Erteilung der Erlaubnis irrtümlich als gegeben angenommen worden ist oder nachträglich Tatsachen eingetreten sind, die die Versagung der Erlaubnis nach § 3 rechtfertigen würden.
Die Lehrgänge (§§ 8—11) werden in Krankenpflege- und Kinderkrankenpflegeschulen, die als zur Ausbildung geeignet staatlich anerkannt sind, durchgeführt (§ 6). Diese Eignung liegt vor, wenn

a) die Krankenpflegeschule mit einem Allgemeinkrankenhaus (mindestens 3 Fachabteilungen) oder einem psychiatrischen Krankenhaus oder einem sonstigen Fachkrankenhaus mit mindestens 150 Betten verbunden ist und auf den Gebieten der Inneren Medizin, der Chirurgie und der Gynäkologie oder Psychiatrie eine ausreichende theoretische und praktische Ausbildung gewährleistet ist,
b) die Kinderkrankenpflegeschule mit einem Kinderkrankenhaus oder einer von einem Facharzt für Kinderkrankheiten geleiteten Kinderabteilung eines Allgemeinkrankenhauses verbunden ist und eine ausreichende theoretische und praktische Ausbildung gewährleistet ist.

Ferner muß die Leitung der Schulen durch eine Oberin oder leitende Schwester oder einen leitenden Pfleger sowie durch einen Arzt sichergestellt sein, müssen die erforderlichen Ausbildungsmöglichkeiten im Hinblick auf eine ausreichende Anzahl geeigneter Lehrkräfte (darunter mindestens eine besonders vorgebildete Unterrichtsschwester bzw. Unterrichtspfleger) sowie auch die erforderlichen Räume und Einrichtungen für den Unterricht und die Unterbringung der Schülerinnen (Schüler) zur Verfügung stehen (§ 7).

Voraussetzungen zur Teilnahme an einem Lehrgang sind:

1. Vollendung des 17. Lebensjahres;

2. a) Abgeschlossene Realschulbildung oder eine entsprechende Schulbildung,
   b) abgeschlossene Volksschulbildung oder eine gleichwertige Schulbildung und der erfolgreiche Besuch einer dreijährigen Pflegevorschule (oder Schwesternvorschule); Verkürzung auf zweijährigen Vorschulbesuch nach neun Volksschuljahren ist möglich,
   c) abgeschlossene Volksschulbildung und eine Berufsausbildung mit Lehrabschlußprüfung,
   d) dreijährige Bewährung im Beruf der Krankenpflegehelferin (Krankenpflegehelfer) (s. § 14 a);

3. Körperliche Eignung zur Ausübung des Berufs durch Vorlage eines ärztlichen Zeugnisses und Beibringung eines amtlichen Führungszeugnisses;

4. Halbjährige hauswirtschaftliche Tätigkeit von Bewerberinnen in eigener oder fremder Familie, einer geeigneten Anstalt oder einer hauswirtschaftlichen Schule, soweit nicht eine Schwestern- oder Pflegevorschule besucht oder eine hauswirtschaftliche Lehre mit Erfolg abgeschlossen wurde. Auch die ausgebildete „Krankenpflegehelferin" (Krankenpflegehelfer) ist hiervon befreit (§ 8).

Die Lehrgänge in der Krankenpflege und Kinderkrankenpflege dauern je drei Jahre. Verkürzung um sechs bis achtzehn Monate durch Anrechnung berufsverwandter Ausbildung ist vorgesehen (§ 9). Unterbrechungen des Lehrgangs durch Ferien bis zu vier Wochen jährlich und wegen Erkrankung oder Schwangerschaft bis zur Gesamtdauer von zwölf Wochen werden angerechnet (§ 10). Die Lehrgänge umfassen auch eine praktische Ausbildung; der Unterricht umfaßt mindestens 1200 Unterrichtsstunden (§ 11). Die erfolgreiche Teilnahme an dem Lehrgang ist durch eine Prüfung vor staatlichen Prüfungsausschüssen nachzuweisen (§ 13). Einzelheiten über die Ausbildung und Prüfungen in der Krankenpflege und Kinderkrankenpflege werden durch Rechtsverordnung festgelegt (§ 14).

In den neuen §§ 14a—i wird die Ausbildung in der Krankenpflegehilfe geregelt.

Wer die Krankenpflegehilfe unter der Bezeichnung „Krankenpflegehelferin" oder „Krankenpflegehelfer" ausüben will, bedarf der Erlaubnis (§ 14a). Die Erlaubnis wird erteilt, wenn die Teilnahme am Lehrgang und die bestandene Prüfung nachgewiesen werden (§ 14b).

Für die Versagung und Rücknahme der Erlaubnis gelten die gleichen Bestimmungen wie bei den Krankenschwestern (Krankenpflegern) (§ 14c).

Der Lehrgang wird in einer Schule für Krankenpflegehilfe durchgeführt, die als zur Ausbildung geeignet staatlich anerkannt ist (§ 14d).

Voraussetzungen zur Teilnahme am Lehrgang sind:

a) Vollendung des 17. Lebensjahres,
b) abgeschlossene Volksschulbildung oder eine gleichwertige Schulbildung,
c) körperliche Eignung zur Ausübung des Berufs durch Vorlage eines ärztlichen Zeugnisses und Beibringung eines amtlichen Führungszeugnisses,
d) Nachweis der halbjährigen hauswirtschaftlichen Tätigkeit der Bewerberinnen wie bei der Zulassung zum Besuch einer Krankenpflegeschule (§ 14e).

Der Lehrgang in der Krankenpflegehilfe dauert ein Jahr. Unterbrechungen des Lehrgangs durch Ferien bis zu vier Wochen und wegen Erkrankung oder Schwangerschaft bis zur Gesamtdauer von vier Wochen werden angerechnet (§ 14f).

Der Lehrgang umfaßt Unterricht und eine praktische Ausbildung; der Unterricht umfaßt mindestens 250 Unterrichtsstunden (§ 14g). Die erfolgreiche Teilnahme an dem Lehrgang ist durch eine Prüfung vor staatlichen Prüfungsausschüssen nachzuweisen (§ 14h). Einzelheiten über die Ausbildung und die Prüfung in der Krankenpflegehilfe werden durch Rechtsverordnung festgelegt (§ 14i).

§ 15 regelt die Zuständigkeit für die einzelnen nach diesem Gesetz zu treffenden Entscheidungen.

Ordnungswidrig handelt, wer ohne die Erlaubnis nach § 1 zu besitzen, die Berufsbezeichnung „Krankenschwester", „Krankenpfleger" oder „Kinderkrankenschwester" führt, ohne Erlaubnis nach § 14a die Berufsbezeichnung „Krankenpflegehelferin" oder „Krankenpflegehelfer" führt und die Berufsbezeichnung „Säuglings- und Kinderschwester" führt, ohne als solche staatlich anerkannt worden zu sein (§ 16). Die Ordnungswidrigkeit kann mit einer Geldbuße geahndet werden. Das Gesetz schützt nicht die Bezeichnung „Schwester" sondern nur die genannten Berufsbezeichnungen.

In den Übergangs- und Schlußbestimmungen ist festgelegt, daß eine vor Inkrafttreten dieses Gesetzes erteilte staatliche Anerkennung als Krankenschwester oder Krankenpfleger oder Säuglings- und Kinderschwester als Erlaubnis nach § 1 gilt (§ 17 Abs. 1). Wer am 1. Oktober 1965 mindestens drei Jahre an einer Krankenanstalt, die durch das Gesundheitsamt überwacht wird, als Pflegehilfskraft tätig gewesen ist, erhält nach der Prüfung in der Krankenpflegehilfe die Erlaubnis als Krankenpflegehelferin (Krankenpflegehelfer), ohne daß es einer Teilnahme an einem Lehrgang bedarf (§ 17 Abs. 2).

Wer am 1. Oktober 1965 mindestens zehn Jahre an einer Krankenanstalt, die durch das Gesundheitsamt überwacht wird, als Pflegehilfskraft tätig gewesen ist, erhält auf Antrag die Erlaubnis als Krankenpflegehelferin (Krankenpflegehelfer), ohne daß es der Teilnahme an einem Lehrgang und der Prüfung in der Krankenpflegehilfe bedarf (§ 17 Abs. 3). Im § 19 sind für die Zeit bis 1970 Übergangsvorschriften für in Ausbildung befindliche Personen niedergelegt.

Soldaten im Sanitätsdienst der Bundeswehr oder Polizeivollzugsbeamte im Sanitätsdienst des Bundesgrenzschutzes und der Länderpolizeien können nach Ableistung einer mindestens vierjährigen Dienstzeit und erfolgreicher Ablegung der Sanitätsprüfung oder entsprechender Fachprüfung die Erlaubnis als Krankenpfleger bzw. nach dreijähriger Dienstzeit und erfolgreicher Ablegung der Sanitätsprüfung oder entsprechender Fachprüfung die Erlaubnis als Krankenpflegehelfer erhalten.

Ausbildungs- und Prüfungsordnung für Krankenschwestern, Krankenpfleger und Kinderkrankenschwestern

vom 2. 8. 1966 (BGBl. I S. 462)

Ausbildungsvorschriften

Im § 1 werden die Mindeststundenzahlen der einzelnen Lehrfächer für den Gruppenunterricht während des dreijährigen Lehrgangs in der Krankenpflege bzw. Kinderkrankenpflege festgelegt. Der Unterricht umfaßt folgende Fächer:

1. Berufskunde, Staatsbürger- und Gesetzeskunde,
2. Anatomie und Physiologie sowie Biologie,
3. Arzneimittellehre,
4. Ernährungslehre,
5. Allgemeine und persönliche Hygiene, Gesundheitserzie-

hung und Gesundheitsfürsorge sowie Grundzüge der Mikrobiologie und Desinfektionslehre,

6. Grundbegriffe der Psychologie, Pädagogik und Soziologie,
7. Grundzüge der Physik und Chemie sowie Strahlenschutz,
8. Krankheitslehre auf den Gebieten der
   a) Inneren Medizin einschließlich Infektionskrankheiten und Alterskrankheiten,
   b) Chirurgie, Orthopädie und Urologie,
   c) Frauenheilkunde,
   d) Neurologie und Psychiatrie,
   e) Haut- und Geschlechtskrankheiten,
   f) Hals-, Nasen- und Ohrenkrankheiten,
   g) Augenkrankheiten,
   h) Kinderheilkunde,
9. Krankenpflege einschließlich der Pflege Geisteskranker sowie Wochen-, Säuglings- und Kinderpflege,
10. Unfallverhütung und Erste Hilfe.

In der Kinderkrankenpflege sind die einzelnen Lehrfächer überwiegend auf das Kind ausgerichtet.
Der Gruppenunterricht umfaßt theoretische und praktische Unterweisungen.

§ 2 regelt Einzelheiten der praktischen Ausbildung, die u. a. auf dem Gebiet der Inneren Medizin mindestens 26 Wochen, auf dem Gebiet der Chirurgie mindestens 13 Wochen dauern muß.

Im § 3 wird bestimmt, daß dem Schüler innerhalb der letzten 6 Monate eines Lehrgangs für 2 Tage die selbständige Pflege eines Kranken einschließlich einer Nachtwache zu übertragen ist. Hierüber hat der Schüler einen kurzen, vom verantwortlichen Arzt bestätigten schriftlichen Bericht anzufertigen, der bei der mündlichen Prüfung vorzulegen ist.

Prüfungsvorschriften

Neben der Zusammensetzung des Prüfungsausschusses (§ 4) wird das Zulassungsverfahren zur Prüfung festgelegt (§§ 6—8). Dem Antrag auf Zulassung zur Prüfung sind beizufügen:

1. eine Geburtsurkunde,
2. der Nachweis der körperlichen Eignung zur Ausübung des Berufs durch Vorlage eines ärztlichen Zeugnisses, das nicht älter als 3 Monate sein darf,
3. ein selbstverfaßter, handgeschriebener Lebenslauf und
4. eine Bescheinigung des Leiters der Krankenpflege- oder Kinderkrankenpflegeschule über die Teilnahme an dem Lehrgang.

Die Anrechnung einer früheren Ausbildung ist gegebenenfalls nachzuweisen (§ 7).

In § 8 sind die Versagungsgründe für die Zulassung zur Prüfung aufgeführt sowie die Bestimmungen über die Rücknahme und den Widerruf der Zulassung. Die Entscheidung hierüber trifft der Vorsitzende des Prüfungsausschusses bzw. die zuständige Behörde.

Die Prüfung besteht aus einem schriftlichen und einem mündlichen Teil (§ 9). In der schriftlichen Prüfung ist eine Aufsichtsarbeit zu fertigen, bei der aus dem Stoffgebiet der vorgenannten Lehrfächer einzelne Fragen zu beantworten oder mehrere Themen aus einer Auswahl abzuhandeln sind. Die Aufgabe wird vom Vorsitzenden des Prüfungsausschusses bestimmt und der Leitung der Schule einige Tage vor der schriftlichen Prüfung in einem versiegelten Umschlag zugeleitet. Dieser darf erst unmittelbar vor Beginn der schriftlichen Prüfung vor den Prüflingen geöffnet werden. Für die Arbeit stehen dem Prüfling 3 Stunden zur Verfügung. Ordnungswidriges Verhalten, insbesondere Täuschungsversuche, schließen die Fortsetzung

der Arbeit aus. Bestimmungen über das weitere Verfahren schließen § 10 ab.
Die mündliche Prüfung besteht aus einem theoretischen und einem praktischen Teil. Geprüft werden muß mindestens theoretisch in den im § 1 Nr. 1, 2, 6, 8 und 9 genannten Lehrfächern sowie praktisch auch im Lehrfach Nr. 9 (§ 11).
In den weiteren Vorschriften sind die Beurteilung und Benotung sowie die Ermittlung des Gesamtergebnisses der Prüfung geregelt, ferner die Aufnahme einer Niederschrift über die Prüfung eines jeden Prüflings (§§ 12—15).
Die Prüfung kann einmal und nur innerhalb eines Jahres nach erneutem mindestens sechsmonatigem Besuch einer Kranken- bzw. Kinderkrankenpflegeschule und — abgesehen von besonderen Ausnahmen — nur vor demselben Prüfungsausschuß wiederholt werden (§ 17).

Ausbildungs- und Prüfungsordnung für Krankenpflegehelferinnen und Krankenpflegehelfer

vom 2. 8. 1966 (BGBl. I S. 467)

Ausbildungsvorschriften

Im § 1 werden die Mindeststundenzahlen der einzelnen Lehrfächer für den Gruppenunterricht während des Lehrgangs festgelegt. Der Unterricht umfaßt folgende Fächer:

1. Berufskunde, Staatsbürger- und Gesetzeskunde,
2. Grundbegriffe der Anatomie und Physiologie,
3. Einführung in die Arzneimittellehre, insbesondere Umgang mit Arzneimitteln,
4. Grundbegriffe der Ernährungslehre,
5. Allgemeine und persönliche Hygiene sowie Gesundheitserziehung und Desinfektionslehre,

6. Grundbegriffe der Krankheitslehre,
7. Grundlagen der Krankenpflege und Umgang mit kranken Menschen,
8. Erste Hilfe und Unfallverhütung.

Der Gruppenunterricht umfaßt theoretische und praktische Unterweisungen. Die praktische Ausbildung soll auf Männer- und Frauenstationen durchgeführt werden.

Prüfungsvorschriften

§ 3 sieht vor, daß bei jeder Schule für Krankenpflegehilfe ein Prüfungsausschuß, dessen Zusammensetzung festliegt, zu bilden ist. Dem Antrag auf Zulassung zur Prüfung nach § 5 sind beizufügen:

1. eine Geburtsurkunde,
2. ein selbstverfaßter, handgeschriebener Lebenslauf,
3. der Nachweis der körperlichen Eignung zur Ausübung des Berufs durch Vorlage eines ärztlichen Zeugnisses, das nicht älter als 3 Monate sein darf,
4. eine Bescheinigung der Leitung der Schule für Krankenpflegehilfe über die Teilnahme an dem Lehrgang.

Die Anrechnung einer früheren Ausbildung ist gegebenenfalls nachzuweisen.
Bei Antrag auf Zulassung zur Prüfung nach § 17 Abs. 2 oder § 19 Abs. 2 des Gesetzes ohne Teilnahme an einem Lehrgang sind neben den vorgenannten Unterlagen 1—3 ein amtliches Führungszeugnis und der Nachweis, daß die in den Vorschriften des Gesetzes genannten Voraussetzungen vorliegen, beizubringen (§ 6).
Im § 7 sind die Versagungsgründe für die Zulassung zur Prüfung aufgeführt sowie die Bestimmungen über die Rücknahme und den Widerruf der Zulassung. Die Entscheidung hierüber

trifft der Vorsitzende des Prüfungsausschusses bzw. die zuständige Behörde.

Die Prüfung in der Krankenpflegehilfe ist mündlich. Der vom Vorsitzenden des Prüfungsausschusses festzusetzende Termin ist dem Prüfling mindestens 2 Wochen im voraus mitzuteilen (§ 8).

Die Prüfung besteht aus einem theoretischen und einem praktischen Teil. Theoretisch muß mindestens in den im § 1 Nr. 1, 2, 6 und 7 genannten Lehrfächern sowie praktisch mindestens auch im Lehrfach Nr. 7 geprüft werden (§ 9).

In den weiteren Vorschriften sind die Beurteilung und Benotung sowie die Ermittlung des Gesamtergebnisses der Prüfung geregelt, ferner die Aufnahme einer Niederschrift über die Prüfung eines jeden Prüflings (§§ 10—13).

Die Prüfung kann nur einmal und nur innerhalb eines halben Jahres nach erneutem mindestens dreimonatigem Besuch der Schule für Krankenpflegehilfe und — abgesehen von besonderen Ausnahmen — nur vor demselben Prüfungsausschuß wiederholt werden (§ 15).

Hinsichtlich einer Abgrenzung der Berufstätigkeit der Kranken-, Säuglings- und Kinderschwestern gegenüber den Hebammen wurde die „Verordnung zur Abgrenzung der Berufstätigkeit der Hebammen von der Krankenpflege“ vom 19. 12. 1939 (RGBl. I S. 2458) erlassen. Eine staatliche Anerkennung als Kranken-, Säuglings- und Kinderschwester und eine solche als Hebamme schließen sich gegenseitig aus (§ 1). Nach § 1 Abs. 2 dieser Verordnung erlischt mit der Anerkennung der Hebamme für diese die Berechtigung, als Kranken-, Säuglings- und Kinderschwester tätig zu sein. Bei einem Berufswechsel kann diese jedoch wieder erteilt werden, wobei die Anerkennung als Hebamme für ungültig erklärt wird. Außerdem dürfen Kranken-, Säuglings- und Kinderschwestern keine Pflege einer gesunden Wöchnerin oder eines gesunden Neugeborenen übernehmen, wenn sie in den letzten 3 Tagen vor Übernahme der Wochenpflege krankenpflegerische Tätigkeit ausgeübt haben (§ 2). Verstöße hiergegen können mit Freiheitsstrafe und Geldstrafen bestraft werden (§ 4).

Arbeitsrechtliche Bestimmungen

Krankenpflegepersonen sind im allgemeinen im Angestelltenverhältnis beschäftigt. Für sie gilt bei einer Tätigkeit beim Bund, bei den Ländern und in Gemeinden der Bundes-Angestelltentarifvertrag (BAT) vom 23. Februar 1961, der am 1. April 1961 in Kraft getreten ist, insbesondere der 24. Tarifvertrag zur Änderung und Ergänzung des BAT v. 11. 8. 1970. Für Angestellte in Kranken-, Heil-, Pflege- und Entbindungsanstalten sowie in sonstigen Anstalten und Heimen, in denen die betreuten Personen in ärztlicher Behandlung stehen, gilt der Bundes-Angestelltentarifvertrag mit den entsprechenden Sonderregelungen. Diese Sonderregelungen — Schweigepflicht, regelmäßige Arbeitszeit, Überstunden, Bereitschaftsdienst, Vergütung und Erholungsurlaub — sind Bestandteile des genannten Tarifvertrages.

Für die Medizinalhilfspersonen findet grundsätzlich auch der Tarifvertrag über den Bewährungsaufstieg für Angehörige des Bundes und der Länder vom 28. 3. 1966 Anwendung.

Neben diesen im öffentlichen Dienst stehenden Krankenpflegepersonen gibt es eine Gruppe von Krankenpflegepersonen, die ein mittelbares Dienstverhältnis haben. Hierunter fallen u. a. Angehörige der RK-Schwesternschaften und der Diakonievereine, für die die Mutterhäuser in Anlehnung an die Bestimmungen des Bundes-Angestelltentarifvertrages einen Dienstleistungsvertrag, z. B. mit den Krankenhausverwaltungen, abschließen, so daß in diesen Fällen die einzelnen Schwestern selbst keine Verträge abschließen; hier haben die Schwestern

Ansprüche gegenüber dem Mutterhaus, dem sie auch disziplinar unterstellt sind.

Im übrigen gibt es noch Tarifverträge für das Hilfspersonal bei Medizinalpersonen, sowie besondere Bestimmungen für die dem deutschen Caritasverband angeschlossenen Anstalten und für Anstalten und Einrichtungen der Inneren Mission der deutschen evangelischen Kirche.

Gesetz über technische Assistenten in der Medizin

vom 8. 9. 1971 (BGBl. I S. 1515)

Nach § 1 des Gesetzes bedarf der Erlaubnis, wer eine Tätigkeit unter der Berufsbezeichnung

1. „medizinisch-technischer Laboratoriumsassistent" oder „medizinisch-technische Laboratoriumsassistentin",
2. „medizinisch-technischer Radiologieassistent" oder „medizinisch-technische Radiologieassistentin" oder
3. „veterinärmedizinisch-technischer Assistent" oder „veterinärmedizinisch-technische Assistentin"

ausüben will. Die §§ 2—6 nennen die Voraussetzungen für die Erteilung einer Erlaubnis bzw. für die Versagung und Rücknahme der Erlaubnis. In § 7 ist festgelegt, daß die theoretische und praktische Ausbildung in Lehranstalten zu erfolgen hat, die als zur Ausbildung geeignet staatlich anerkannt sind. § 8 besagt, daß der für das Gesundheitswesen zuständige Bundesminister durch Rechtsverordnung in Ausbildungs- und Prüfungsordnungen für die drei Berufssparten die Mindestanforderungen an die Lehrgänge und das nähere über die staatlichen Prüfungen und Ergänzungsprüfungen regelt. Die zweijährigen Lehrgänge für die drei Fachrichtungen sollen eine inhaltlich übereinstimmende Grundausbildung von sechs Monaten zu Beginn des Lehrganges erhalten.

Zu den vorbehaltenden Tätigkeiten dürfen nach § 9 auf dem Gebiet der Humanmedizin von den Personen mit einer Erlaubnis nach § 1 Nr. 1 nur ausgeübt werden:

a) Hilfeleistungen bei feingeweblichen und cytologischen Untersuchungen,
b) Arbeiten auf dem Gebiet der klinischen Chemie,
c) Arbeiten auf dem Gebiet der Hämatologie und Immunhämatologie,
d) Arbeiten auf dem Gebiet der Mikrobiologie (einschließlich Parasitologie) und auf dem Gebiet der Serologie.

Nicht hierzu zählen einfache vorbereitende oder qualitative und quantitative Untersuchungen von Körperflüssigkeiten und Ausscheidungen.

Von Personen mit einer Erlaubnis nach § 1 Nr. 2 dürfen nur ausgeübt werden Hilfeleistungen bei der Anwendung ionisierender Strahlen und bei der Anwendung radioaktiver Stoffe.

Auf dem Gebiet der Veterinärmedizin dürfen von Personen mit einer Erlaubnis nach § 1 Nr. 3 auch nur die Tätigkeiten nach a) bis d) sowie Arbeiten auf dem Gebiet der Untersuchung von Lebensmitteln tierischer Herkunft — abgesehen von einfachen vorbereitenden Tätigkeiten und Hilfeleistungen ausgeübt werden.

Tätigkeiten, die der Erkennung einer Krankheit dienen, dürfen von den in § 1 genannten Personen nicht in selbständiger Berufstätigkeit und nur im Auftrage eines Arztes, Zahnarztes, Tierarztes oder Heilpraktikers ausgeübt werden.

Im § 10 werden die Personengruppen aufgeführt, auf die § 9 keine Anwendung findet, wie z. B. Personen, die auf Grund einer abgeschlossenen Hochschulbildung über die erforderlichen Fachkenntnisse zur Ausübung der genannten Tätigkeiten verfügen oder die unter deren Aufsicht und Verantwortung tätig werden.

§ 11 regelt die Zuständigkeiten über die verschiedenen zu treffenden Entscheidungen. Nach § 12 handelt ordnungswidrig, wer ohne Erlaubnis eine der in § 1 oder § 13 genannten Berufsbezeichnungen führt, wobei die Ordnungswidrigkeit mit einer Geldbuße geahndet werden kann.

Die §§ 13—17 enthalten die Übergangsbestimmungen, wonach u. a. eine nach dem alten Gesetz erteilte Erlaubnis als Erlaubnis im Sinne des § 1 Nr. 1 und § 1 Nr. 2 gilt und eine vor Inkrafttreten dieses Gesetzes begonnene Ausbildung als medizinisch-technische Assistentin nach den bisher geltenden Vorschriften abgeschlossen wird.

Dieses Gesetz tritt am 1. 7. 1972 in Kraft unter gleichzeitiger Außerkraftsetzung des Gesetzes über die Ausübung des Berufs der medizinisch-technischen Assistentin vom 21. 12. 1958 (BGBl. I S. 981) in der Fassung vom 18. 7. 1961 (BGBl. I S. 1011).

Die Ausbildungs- und Prüfungsordnungen für die drei von dem Gesetz erfaßten Fachrichtungen liegen erst im Entwurf vor. Mit ihrem Erlaß ist erst im Sommer 1972 zu rechnen.

Gesetz über die Ausübung der Berufe des Masseurs, des Masseurs und medizinischen Bademeisters und des Krankengymnasten vom 21. 12. 1958 (BGBl. I S. 985) in der Fassung vom 22. 5. 1968 (BGBl. I S. 470)

Nach § 1 dieses Gesetzes bedarf einer Erlaubnis, wer eine Tätigkeit unter der Bezeichnung „Masseur", „Masseur und medizinischer Bademeister" oder „Krankengymnast" ausüben will. In den §§ 2—6 werden die Bestimmungen für die Erteilung der Erlaubnis bzw. die Gründe für Versagung oder Rücknahme der Erlaubnis genannt. § 7 schreibt vor, daß die Ausbildung in Lehranstalten für Massage oder für Krankengymnastik zu erfolgen hat, die als zur Ausbildung geeignet staatlich anerkannt sind bzw. zur Ausbildung ermächtigt sind.

In den §§ 8 und 9 wird bestimmt, daß der Lehrgang in der Massage mindestens ein Jahr, der Lehrgang in der Krankengymnastik mindestens zwei Jahre dauert und die erfolgreiche Teilnahme durch eine Prüfung vor staatlichen Prüfungsausschüssen nachzuweisen ist. Die Lehrgangsdauer in der Krankengymnastik wird um sechs Monate verkürzt für:

1. Turn- und Sportlehrer mit zweijähriger Ausbildung an einer staatlich anerkannten Lehranstalt,
2. Gymnastiklehrer mit zweijähriger Ausbildung an einer staatlich anerkannten Lehranstalt,
3. Masseure mit einer Erlaubnis nach § 1.

Die nach § 10 vorgeschriebene praktische Tätigkeit in der Massage und in der Krankengymnastik dauert ein Jahr und ist an einer zur Annahme von Praktikanten ermächtigten Krankenanstalt unter Aufsicht eines geprüften Masseurs oder eines Krankengymnasten und unter Verantwortung eines Arztes abzuleisten. Die praktische Tätigkeit in der Massage kann bis zur Dauer von sechs Monaten auch an einer zur Annahme von Praktikanten ermächtigten medizinischen Badeanstalt unter Aufsicht eines medizinischen Bademeisters abgeleistet werden.

Wer die Bezeichnung „Masseur und medizinischer Bademeister" führen will, muß nach § 11 eine halbjährige praktische Tätigkeit in der Massage entsprechend Satz 1 des vorstehenden Absatzes und eine einjährige praktische Tätigkeit entsprechend Satz 2 des vorstehenden Absatzes ableisten.

Wer ohne die Erlaubnis zu besitzen, eine der genannten Berufsbezeichnungen führt, handelt ordnungswidrig und kann mit einer Geldbuße bestraft werden (§ 14).

In den Übergangsbestimmungen (§ 15) ist festgelegt, daß eine staatliche Anerkennung als Masseur, als Masseur und medizinischer Bademeister oder als Krankengymnast, die auf Grund der bisherigen Bestimmungen erteilt wurde, als Erlaubnis nach § 1 gilt.

Ausbildungs- und Prüfungsordnung für Masseure, für Masseure und medizinische Bademeister vom 7. 12. 1960 (BGBl. I S. 880)

Der einjährige Lehrgang in der Massage umfaßt mindestens 600 Stunden theoretischen Unterricht und mindestens 1200 Stunden praktische Übungen in folgenden Lehrfächern (§§ 1 und 2):

1. Grundzüge der Anatomie und Physiologie;
2. Krankheitslehre und Hygiene, soweit sie für die Ausübung des Berufs erforderlich sind,
3. Lehre von der allgemeinen und speziellen Massage, insbesondere Reflexzonen- und Unterwassermassage,
4. praktische Ausführung der Massage in Bewegung mit Bewegungsübungen,
5. Grundlagen und Technik der Wärme- und Lichtbehandlung, Einführung in die Elektrotherapie, Grundbegriffe der Strahlenheilkunde,
6. Grundbegriffe der Badeheilkunde, Grundlagen und Ausführung medizinischer Bäder, sämtlicher Badeanwendungen einschließlich der Kneippschen Verfahren,
7. medizinische Fußpflege,
8. Verbandlehre und erste Hilfe,
9. Berufslehre (gesetzliche Vorschriften, Umgang mit Kranken, Berufskrankheiten, Unfallschutz).

Ferien bis zu vier Wochen und Erkrankungszeiten bis zur Gesamtdauer von sechs Wochen werden angerechnet (§ 3).

Eine außerhalb des Geltungsbereichs dieser Verordnung begonnene oder abgeschlossene Ausbildung als Masseur oder als Masseur und medizinischer Bademeister kann unter bestimmten Voraussetzungen angerechnet werden (§ 4).

In den Prüfungsvorschriften sind die Zusammensetzung des Prüfungsausschusses (§ 6) und das Verfahren für die Zulassung zur Prüfung (§§ 7—12) festgelegt. Die Zulassung zur Prüfung setzt die Vollendung des 19. Lebensjahres voraus. Danach hat der Prüfling dem Gesuch um Zulassung zur Prüfung beizufügen:

1. eine Geburtsurkunde,
2. den Nachweis
   a) der abgeschlossenen Volksschulbildung oder einer gleichwertigen Schulbildung,
   b) einer vierteljährigen pflegerischen Tätigkeit in einer Krankenanstalt oder einem Blindenpflegeheim vor Beginn des Lehrgangs,
   c) der körperlichen Eignung zur Ausübung des Berufs durch Vorlage eines ärztlichen Zeugnisses, das nicht älter als drei Monate sein darf,
3. einen selbstverfaßten und, falls der Bewerber nicht blind ist, eigenhändig geschriebenen Lebenslauf,
4. eine Bescheinigung des Leiters der Lehranstalt über die Teilnahme an dem Lehrgang,
5. ein polizeiliches oder entsprechend amtliches Führungszeugnis.

In den weiteren Vorschriften ist das Verfahren der Prüfung einschließlich der Benotung und Ermittlung des Gesamtergebnisses geregelt. Die Prüfung kann nur einmal und zwar innerhalb eines Jahres und frühestens drei Monate nach der nicht bestandenen Prüfung wiederholt werden, sie ist — abgesehen von besonderen Ausnahmen — vor demselben Prüfungsausschuß abzulegen (§§ 19 und 20).

Nach § 21 soll die praktische Tätigkeit gemäß §§ 10 und 11 des Gesetzes innerhalb eines Jahres nach Ablegung der Prüfung begonnen werden. Während dieser Tätigkeit hat der Praktikant durch Teilnahme an mindestens 50 Unterrichtsstunden (§ 10) bzw. mindestens 150 Unterrichtsstunden (§ 11) seine während des Lehrgangs erworbenen Kenntnisse zu vertiefen. Vom Leiter der Krankenanstalt bzw. medizinischen Badeanstalt muß die ordnungsgemäße Ableistung der praktischen Tätigkeit bescheinigt werden.

Ausbildungs- und Prüfungsordnung für Krankengymnasten vom 7. 12. 1960 (BGBl. I S. 885) in der Fassung vom 25. 6. 1971 (BGBl. I S. 847)

Der zweijährige Lehrgang in der Krankengymnastik umfaßt folgende Lehrfächer (§ 1):

1. Anatomie,
2. Physiologie,
3. allgemeine Krankheitslehre und Hygiene,
4. spezielle Krankheitslehre in der Inneren Medizin, Orthopädie, Chirurgie, Frauenheilkunde, Kinderheilkunde, Neurologie und Psychiatrie,
5. Grundlagen der Krankengymnastik und Massage, Krankengymnastik im Rahmen der Prophylaxe und Rehabilitation, Gymnastik bei Schwangeren, Wöchnerinnen und in der Geriatrie, Säuglingsgymnastik und Haltungsschulung Jugendlicher,
6. Grundlagen der Elektro-, Licht-, Wärme-, Kälte- und Hydrotherapie, Grundbegriffe der Strahlenheilkunde,
7. Berufslehre (gesetzliche Vorschriften, Umgang mit Kranken, Berufskrankheiten, Unfallschutz),

8. Technik der Krankengymnastik und ihre methodische Anwendung auf allen Gebieten der Medizin, in denen Bewegungstherapie erforderlich ist,
9. Technik der physikalischen Behandlungsweisen in der Elektro-, Licht-, Wärme-, Kälte- und Hydrotherapie,
10. Technik der Massage und ihre methodische Anwendung am Kranken auf allen Gebieten der Medizin, in denen Massage erforderlich ist,
11. Verbandlehre und erste Hilfe,
12. Bewegungserziehung.

Der in vier Semester eingeteilte Lehrplan umfaßt je Semester (23 Wochen) 920 Wochenstunden theoretischen und praktischen Unterricht.

Ferien werden auf die Dauer des Lehrgangs bis zu sechs Wochen jährlich und Erkrankungszeiten bis zur Gesamtdauer von zehn Wochen angerechnet (§ 2).

Eine außerhalb des Geltungsbereichs dieser Verordnung begonnene oder abgeschlossene Ausbildung als Krankengymnast kann unter besonderen Voraussetzungen angerechnet werden (§ 3).

In den Prüfungsvorschriften sind die Zusammensetzung des Prüfungsausschusses (§ 5) und das Zulassungsverfahren zur Prüfung (§§ 6—13) festgelegt. Der Prüfling hat dem Gesuch um Zulassung zur Prüfung beizufügen:

1. eine Geburtsurkunde,
2. den Nachweis
   a) einer abgeschlossenen Mittelschulbildung oder einer mindestens gleichwertigen Schulbildung,
   b) der körperlichen Eignung zur Ausübung des Berufs durch Vorlage eines ärztlichen Zeugnisses, das nicht älter als drei Monate sein darf,

3. einen selbstverfaßten, eigenhändig geschriebenen Lebenslauf,
4. eine Bescheinigung des Leiters der Lehranstalt über die Teilnahme an dem Lehrgang,
5. ein polizeiliches oder entsprechendes amtliches Führungszeugnis.

Die Prüfung besteht nach § 12 aus einem praktischen und einem theoretischen Teil und erstreckt sich auf die unter § 1 genannten Gebiete. Der theoretische Teil der Prüfung ist nach dem praktischen Teil an mindestens zwei aufeinander folgenden Tagen durchzuführen, außerdem muß zwischen dem praktischen und theoretischen Teil der Prüfung mindestens ein prüfungsfreier Tag liegen.

Im Rahmen des Prüfungsfaches „Technik der Krankengymnastik und ihre methodische Anwendung auf allen Gebieten der Medizin, in denen Bewegungstherapie erforderlich ist", hat der Prüfling bei zwei Kranken aus verschiedenen Fachgebieten auf Grund des ärztlichen Befundes in Klausur den krankengymnastischen Behandlungsplan in jeweils höchstens vier Stunden auszuarbeiten.

In den weiteren Vorschriften werden die Benotung und Ermittlung des Gesamtergebnisses geregelt. Die Prüfung kann als Ganzes oder in einzelnen Fächern nur einmal innerhalb eines Jahres — als Ganzes frühestens sechs Monate, in einzelnen Fächern frühestens drei Monate nach der nicht bestandenen Prüfung — wiederholt werden. Die Wiederholungsprüfung muß — abgesehen von besonderen Ausnahmen — vor demselben Prüfungsausschuß abgelegt werden (§§ 17 und 18).

Nach § 20 soll die praktische Tätigkeit gemäß § 10 des Gesetzes innerhalb eines Jahres nach Ablegung der Prüfung begonnen werden. Es sind mindestens vier Monate auf einer chirurgischen oder orthopädischen Abteilung und mindestens vier Monate auf einer Abteilung für innere Krankheiten abzuleisten. Während der praktischen Tätigkeit hat der Praktikant durch Teilnahme an mindestens 100 Unterrichtsstunden seine während des Lehrgangs erworbenen Kenntnisse zu vertiefen. Die ordnungsgemäße Ableistung eines jeden Abschnittes der praktischen Tätigkeit ist vom ärztlichen Leiter der Krankenanstalt oder Abteilung zu bescheinigen.

Gesetz über den Beruf des pharmazeutisch-technischen Assistenten vom 18. 3. 1968 (BGBl. I S. 228)

Nach § 1 bedarf der Erlaubnis, wer eine Tätigkeit unter der Berufsbezeichnung „pharmazeutisch-technischer Assistent" oder „pharmazeutisch-technische Assistentin" ausüben will. Der § 2 führt die Voraussetzungen für die Erteilung der Erlaubnis auf. Danach wird diese erteilt, wenn der Antragsteller

1. das 18. Lebensjahr vollendet hat,
2. sich nicht eines Verhaltens schuldig gemacht hat, aus dem sich die Unzuverlässigkeit zur Ausübung des Berufs ergibt,
3. nicht wegen eines körperlichen Gebrechens, wegen Schwäche seiner geistigen oder körperlichen Kräfte oder wegen einer Sucht zur Ausübung des Berufs unfähig oder ungeeignet ist,
4. nach einem zweijährigen Lehrgang und einer halbjährigen praktischen Ausbildung die staatliche Prüfung für pharmazeutisch-technische Assistenten bestanden hat.

§§ 3 und 4 regeln die Voraussetzungen für Rücknahme und Widerruf der Erlaubnis.

In § 5 wird bestimmt, daß der Lehrgang an einer Lehranstalt durchzuführen ist, die als zur Ausbildung geeignet staatlich anerkannt ist (Abs. 1). Zum Lehrgang wird zugelassen, wer eine abgeschlossene Realschulbildung oder eine andere gleichwertige

Ausbildung nachweist (Abs. 2). Der Lehrgang umfaßt eine theoretische und praktische Ausbildung (Abs. 3).

In § 6 wird die praktische Ausbildung in Apotheken geregelt. § 7 sieht vor, daß in einer Ausbildungs- und Prüfungsordnung für pharmazeutisch-technische Assistenten u. a. die Mindestanforderungen an den Lehrgang und das Nähere über die praktische Ausbildung in der Apotheke geregelt werden.

§ 8 bestimmt, daß der pharmazeutisch-technische Assistent befugt ist, in der Apotheke unter der Aufsicht eines Apothekers pharmazeutische Tätigkeiten auszuüben. Näheres bestimmt die Apothekenbetriebsordnung. Zur Vertretung in der Leitung einer Apotheke ist er nicht befugt. Im § 9 sind die Zuständigkeiten der Landesbehörden für die verschiedenen zu treffenden Entscheidungen niedergelegt. Nach § 10 handelt ordnungswidrig, wer die im § 1 genannte Berufsbezeichnung führt, ohne die entsprechende Erlaubnis zu besitzen. Die Ordnungswidrigkeit kann mit einer Geldbuße bis zu fünftausend Deutsche Mark geahndet werden. § 11 bestimmt, daß für vorgeprüfte Apothekeranwärter die Voraussetzungen nach § 2 Abs. 1 Nr. 4 als erfüllt anzusehen sind.

Ausbildungs- und Prüfungsordnung für pharmazeutisch-technische Assistenten vom 12. 8. 1969 (BGBl. I S. 1200)

Die **Ausbildung** zum Beruf des pharmazeutisch-technischen Assistenten besteht aus einem zweijährigen Lehrgang an einer staatlich anerkannten Lehranstalt und aus einer daran anschließenden halbjährigen praktischen Ausbildung in einer Apotheke. Die staatliche **Prüfung** besteht aus einem theoretischen Abschnitt mit einem schriftlichen und einem mündlichen Teil sowie aus einem praktischen Prüfungsabschnitt, der erst im Anschluß an die praktische Ausbildung in der Apotheke abgelegt wird

(§ 1). Der Lehrgang umfaßt Mindeststundenzahlen folgender theoretischer und praktischer Fächer (§ 2 Abs. 1 Anlage 1):

1. Allgemeine und pharmazeutische Chemie
2. Botanik und Drogenkunde
3. Pharmazeutische Technologie
4. Arzneispezialitätenkunde
5. Fachrechnen
6. Physik
7. Allgemeine Hygiene, Erste Hilfe, Krankenpflegeartikel und Verbandstoffe
8. Gifte und Schädlingsbekämpfungsmittel
9. Ernährungskunde und Diätetik
10. Pharmazeutische Gesetzeskunde
11. Allgemeinbildende Fächer (Wirtschafts- und Sozialkunde, moderne Fremdsprache, Deutsch)
12. Chemisch-pharmazeutische Übungen
13. Übungen zur Drogenkunde
14. Pharmazeutisch-technologische Übungen
15. Physiologisch-chemische Untersuchungen

Ferner wird das Verfahren beim Wechsel der Lehranstalt bestimmt (Abs. 2).

§ 3 regelt die praktische Ausbildung in der Apotheke, die erst nach Bestehen des theoretischen Prüfungsabschnittes begonnen werden darf. In den §§ 4 und 5 werden die Zusammensetzung des Prüfungsausschusses und das Verfahren für die Zulassung zur Prüfung festgelegt, wonach dem Prüfling die Prüfungstermine spätestens zwei Wochen vor Prüfungsbeginn schriftlich mitgeteilt werden sollen.

Im schriftlichen Teil des theoretischen Prüfungsabschnittes ist zu den Fächern Nr. 1—5 jeweils ein Thema ausführlich abzuhandeln, ferner sind zusätzliche Einzelfragen zu beantworten. Die Prüfung soll nicht länger als zehn Stunden dauern und innerhalb einer Woche abgeschlossen sein. Die Prüfungsarbeiten vergibt der Vorsitzende, sie werden von den Fachprüfern benotet. Im mündlichen Teil werden die Fächer Nr. 6—10 einschließlich Wirtschafts- und Sozialkunde vor dem Vorsitzenden, dem Fachprüfer und dem Beisitzer geprüft, wobei die Prüfung in dem einzelnen Fach für jeden Prüfling nicht länger als fünfzehn Minuten dauern soll (§ 6).

Im § 7 wird der praktische Prüfungsabschnitt behandelt, für den das Verfahren der zu prüfenden Übungen vorgeschrieben ist. Die Prüfung soll innerhalb einer Woche abgeschlossen sein. § 8 erklärt die Lehrgangs- und Prüfungsnoten, während § 9 die Voraussetzungen für das Bestehen der Prüfung vorschreibt. Beide Prüfungsabschnitte müssen bestanden sein und in jedem Prüfungsabschnitt jedes Fach. Sind im theoretischen Prüfungsabschnitt mindestens sieben, im praktischen Prüfungsabschnitt mindestens drei Fächer bestanden, so dürfen die Prüfungen in den nicht bestandenen Fächern einmal wiederholt werden. In besonderen Ausnahmefällen kann eine zweite Wiederholungsprüfung von der zuständigen Behörde zugelassen werden. In den weiteren Vorschriften werden die Ermittlung des Gesamtergebnisses der Prüfung (§ 10), das Verfahren bei Versäumnis und Rücktritt (§ 11) sowie bei Täuschung (§ 12) geregelt. Schließlich sind im § 13 die Bestimmungen über anrechnungsfähige Ausbildungszeiten und Prüfungen festgelegt.

Sonstige Berufsgruppen der Medizinalhilfspersonen

Hierzu gehören u. a. Desinfektoren, Gesundheitsaufseher, Beschäftigungstherapeuten, Diätassistentinnen, Logopäden, Orthoptisten, Audiometristen, Präparatoren und Sektionsgehilfen, deren Ausbildungs- und Prüfungsordnungen sowie staatliche Anerkennung landesrechtlich zumeist durch Verwaltungsvorschriften geregelt sind. Auch gibt es in einzelnen Ländern wie z. B. in Berlin ein Gesetz mit Durchführungsverordnungen über die Lehranstalten für Medizinalhilfspersonen und ein besonderes Gesetz über Lehranstalten für medizinisch-technische Assistentinnen. Auf diese einzelnen Länderbestimmungen soll hier nicht näher eingegangen werden.

Erstes Gesetz über individuelle Förderung der Ausbildung (Ausbildungsförderungsgesetz) vom 19.9.1969 (BGBl. I S. 1719)

Nach dem Grundsatz dieses Gesetzes besteht auf individuelle Ausbildungsförderung für eine der Neigung, Eignung und Leistung entsprechende Ausbildung ein Rechtsanspruch nach Maßgabe dieses Gesetzes, wenn dem Auszubildenden die für seinen Lebensunterhalt und seine Ausbildung erforderlichen Mittel anderweitig nicht zur Verfügung stehen. Zu den Ausbildungsstätten, deren Besuch für förderungsfähig angesehen wird, zählen auch Fachschulen. Im allgemeinen können die Ausbildungsstätten für die Berufe der Medizinalhilfspersonen als Fachschulen besonderer Art angesehen werden. Auf den Bedarf der Ausbildungsförderung (Lebensunterhalt und Ausbildung) werden nach den Bestimmungen des Gesetzes Einkommen und Vermögen des Auszubildenden, seines Ehegatten und seiner Eltern angerechnet. Die Länder, die das Gesetz im Auftrag des Bundes ausführen, errichten Landesämter für Ausbildungsförderung; auch für jeden Land- und Stadtkreis wird ein derartiges Amt errichtet, im Land Berlin können mehrere Ämter für Ausbildungsförderung errichtet werden. Anträge mit entsprechenden Unterlagen sind schriftlich an die örtlich zuständigen Ämter zu richten, die die Ausbildungsförderung nach Prüfung bewilligen.

Strafrechtliche Bestimmungen

Das Strafgesetzbuch (StGB) enthält die gesetzliche Regelung des Strafrechts. Es stellt die Tatbestände fest, die der Staat als strafbar ansieht und bestimmt Art und Maß der anzuwendenden Strafen.

Schweigepflicht

Medizinalhilfspersonen müssen, um das uneingeschränkte Vertrauen der Kranken zu besitzen, verschwiegen sein. Diese Forderung ist durch Schaffung gesetzlicher Bestimmungen zur Pflicht geworden. **§ 300 StGB** bedroht neben anderen Berufsträgern auch den Arzt, Zahnarzt, Apotheker oder Angehörigen eines anderen Heilberufs, der eine staatlich geregelte Ausbildung erfordert, bei Verletzung der Schweigepflicht mit Freiheitsstrafe bis zu sechs Monaten und mit einer Geldstrafe oder mit einer dieser Strafen. Unter die Schweigepflicht fallen z. B. Mitteilungen eines Kranken oder seiner Angehörigen zu der Vorgeschichte des Krankheitsfalles oder dem Inhalt von Krankengeschichten einschl. der Untersuchungsergebnisse, Diagnosen, Operationsergebnisse usw.

Das Berufsgeheimnis und die Schweigepflicht des Medizinalhilfspersonals erstrecken sich nicht nur auf die Angelegenheiten des Kranken, sondern auch auf die seiner Angehörigen und des Arztes. Das Berufsgeheimnis, das die Schweigepflicht einschließt, umfaßt nicht nur Mitteilungen, die der Kranke und seine Angehörigen z. B. der Krankenschwester oder dem Krankenpfleger gemacht haben, sondern auch eigene Wahrnehmungen. Ohne Erlaubnis und ausdrückliche Entbindung von der Schweigepflicht durch den Kranken oder seinen gesetzlichen Vertreter dürfen Pflegepersonen niemandem, auch nicht den nächsten Angehörigen (Ehegatten) und auch nicht vor Gericht Mitteilungen über Krankheitszustände oder sonstige Wahrnehmungen machen, durch deren Bekanntwerden der Kranke Nachteile erleiden könnte.

Abgesehen von der Bedrohung mit Geld- und Freiheitsstrafe droht der Pflegeperson auch noch eine Zivilklage auf Ersatz des Schadens, der dem Betreffenden durch die unbefugte Preisgabe des Berufsgeheimnisses gegebenenfalls entsteht.

Es liegt jedoch keine unbefugte Offenbarung des Berufsgeheimnisses vor,

a) wenn sie in Erfüllung einer Rechtspflicht erfolgt, wie die Anzeigepflicht zur Verhinderung von Verbrechen (§§ 138, 139 StGB) und die gesetzliche Meldepflicht über ansteckende Krankheiten,
b) wenn das Wissen über den Kranken dem behandelnden Arzt mitgeteilt wird,
c) wenn die Wahrnehmung eigener berechtigter Interessen eine Offenbarung erfordert, wie z. B. zur Verteidigung vor Gericht,
d) wenn der Betroffene die Pflegeperson von der Schweigepflicht entbindet.

Im Gesetz zur Bekämpfung der Geschlechtskrankheiten bestehen entsprechende Strafbestimmungen.

Verlassen von Kranken, Fahrlässige Tötung

Nach §§ 221 und 222 StGB wird mit Freiheitsstrafe nicht unter drei Monaten bestraft, wer eine wegen jugendlichen Alters, Gebrechlichkeit oder Krankheit hilflose Person, die seiner Betreuung anvertraut ist, in hilfloser Lage vorsätzlich verläßt oder durch Fahrlässigkeit den Tod eines Menschen verursacht. Bei Krankenpflegepersonen, die zu besonderer Sorgfalt verpflichtet sind, ist eine höhere Freiheitsstrafe zu erwarten.

Körperverletzung

Die §§ 223—230 StGB umfassen die Bestimmungen über vorsätzliche oder fahrlässige Körperverletzung, die in schweren Fällen Freiheitsstrafen vorsehen.

Unterlassene Hilfeleistung

Nach § 330c StGB wird mit Freiheitsstrafe bis zu einem Jahr oder Geldstrafe bestraft, wer bei Unglücksfällen oder gemeiner Gefahr oder Not keine Hilfe leistet, obwohl dies erforderlich und ihm den Umständen nach zuzumuten ist ohne erhebliche eigene Gefahr und ohne Verletzung anderer wichtiger Pflichten.

Vergehen wider die Sittlichkeit

Mit Freiheitsstrafe nicht unter sechs Monaten werden nach § 174 StGB u. a. Medizinalpersonen bestraft, die in Gefängnissen oder Anstalten zur Pflege von Kranken beschäftigt oder angestellt sind, wenn sie mit den zu betreuenden Personen unsittliche Handlungen vornehmen.

Verbrechen wider das keimende Leben

Der § 218 StGB bestimmt, daß eine Frau, die ihre Leibesfrucht abtötet oder die Abtötung durch einen anderen zuläßt, mit Freiheitsstrafe bis zu fünf Jahren bestraft wird. Mit der gleichen Strafe bzw. in besonders schweren Fällen mit Freiheitsstrafe von einem Jahr bis zu zehn Jahren wird derjenige belegt, der die Abtötung vornimmt. Auch der Versuch ist strafbar. Ebenso ist die öffentliche Ankündigung oder Anpreisung von Abtreibungsmitteln strafbar (§ 219 StGB).

Auffinden und Beerdigung von Leichen

Mit Geldstrafen bis zu 500,— DM oder Freiheitsstrafe bis zu sechs Wochen kann nach § 367 StGB Ziff. 1 und 2 bestraft werden, wer ohne Wissen der Behörde einen Leichnam beerdigt oder beiseite schafft, besonders wenn Vermutungen vorliegen, daß jemand eines nicht natürlichen Todes gestorben ist. Hierbei sind die polizeilichen und behördlichen Vorschriften zu beachten.

Verletzung der Maßregeln zur Seuchenbekämpfung

Nach § 327 StGB wird mit Geldstrafe oder Freiheitsstrafe bis zu zwei Jahren bestraft, wer gegen Absperrungsvorschriften oder Einfuhrverbote, die behördlich zur Verhütung des Einführens oder Verbreitens einer ansteckenden Krankheit angeordnet wurden, wissentlich verstößt.

Bürgerlich-rechtliche Bestimmungen

1. Allgemeine Bestimmungen

Das Bürgerliche Gesetzbuch (BGB) umfaßt die bürgerlichen Rechtsverhältnisse, insbesondere die Ordnung der Rechtsbeziehungen und Interessen des einzelnen im Verhältnis zum Mitmenschen, gegenüber dem öffentlichen Recht, das die Interessen des Staates und sonstiger Gemeinwesen regelt.

Rechtsfähigkeit (§ 1)

Die Rechtsfähigkeit des Menschen beginnt mit der Vollendung der Geburt.

Volljährigkeit (§§ 2 u. 3)

Die Volljährigkeit tritt mit der Vollendung des 21. Lebensjahres ein.

Ein Minderjähriger, der das 18. Lebensjahr vollendet hat, kann durch Beschluß des Vormundschaftsgerichts für volljährig erklärt werden. Durch die Volljährigkeitserklärung erlangt der Minderjährige die rechtliche Stellung eines Volljährigen.

Entmündigung (§ 6)

Entmündigt kann werden:

1. wer infolge von Geisteskrankheit oder von Geistesschwäche seine Angelegenheiten nicht zu besorgen vermag;
2. wer durch Verschwendung sich oder seine Familie der Gefahr des Notstandes aussetzt;
3. wer infolge von Trunksucht seine Angelegenheiten nicht zu besorgen vermag oder sich oder seine Familie der Gefahr des Notstandes aussetzt oder die Sicherheit anderer gefährdet.

Erbfähigkeit (§ 1923)

Erbe kann nur werden, wer zur Zeit des Erbfalles lebt.
Wer zur Zeit des Erbfalles noch nicht lebte, aber bereits erzeugt war, gilt als vor dem Erbfalle geboren, ist also erbfähig.

Geschäftsunfähigkeit (§ 104)

Geschäftsunfähig ist:

1. wer nicht das 7. Lebensjahr vollendet hat;
2. wer sich in einem die freie Willensäußerung ausschließenden Zustande krankhafter Störung der Geistestätigkeit befindet, sofern nicht der Zustand seiner Natur nach ein vorübergehender ist;
3. wer wegen Geisteskrankheit entmündigt ist.

Beschränkte Geschäftsfähigkeit (§ 106)

Ein Minderjähriger, der das 7. Lebensjahr vollendet hat, ist in der Geschäftsfähigkeit beschränkt.

Eingehung der Ehe (§ 1 des Gesetzes Nr. 16 des Kontrollrats [Ehegesetz] vom 20. 2. 1946, Amtsblatt des Kontrollrats in Deutschland S. 77)

Ein Mann soll nicht vor Vollendung des 21. Lebensjahres, eine Frau nicht vor der Vollendung des 16. Lebensjahres eine Ehe eingehen. Dem Mann und der Frau kann Befreiung von dieser Vorschrift bewilligt werden, dem Manne jedoch nur dann, wenn er das 18. Lebensjahr vollendet hat und nicht mehr unter elterlicher Gewalt oder unter Vormundschaft steht.

2. Besondere Bestimmungen

Haftpflicht — Schadenersatz

Verstößt eine Medizinalhilfsperson gegen die Sorgfalts- und Aufsichtspflicht, so kann dies neben strafrechtlichen auch zivilrechtliche Folgen haben. Der § 823 BGB verpflichtet denjenigen, der vorsätzlich oder fahrlässig Leben, Körper, Gesundheit, Freiheit, Eigentum oder sonstiges Recht eines anderen widerrechtlich verletzt, zum Ersatz des daraus entstehenden Schadens. Fahrlässigkeit liegt beim Außerachtlassen der im Verkehr erforderlichen Sorgfalt vor, z. B. bei Verwechslung oder falscher Dosierung und Verabreichung von Arzneimitteln ohne ärztliche Anordnung, bei Eintragung fingierter Messungen auf der Fiebertabelle, bei unzulässiger Blutentnahme, Verbrennung durch Heizkissen, Wärmeflaschen usw.
Nach § 832 BGB ist zum Schadenersatz verpflichtet, wer seiner Aufsichtspflicht kraft Gesetzes über Minderjährige oder geistig und körperlich Kranke nicht genügt, insbesondere wenn Dritten widerrechtlich Schaden zugefügt wird. Die gleiche Verantwortlichkeit trifft denjenigen, welcher die Führung der Aufsicht durch Vertrag übernimmt (z. B. Ärzte, Pflegepersonal usw.). Bei Verletzung des Körpers und der Gesundheit kann auch Anspruch auf „Schmerzensgeld“ gemäß § 847 BGB erhoben werden.

Das Testament (§§ 2064—2273 BGB)

Ein Testament kann nur vom Erblasser errichtet werden, wenn

er das 16. Lebensjahr vollendet hat. Ein Minderjähriger oder unter vorläufige Vormundschaft gestellter Volljähriger bedarf zur Errichtung eines Testaments nicht der Zustimmung seines gesetzlichen Vertreters. Der Erblasser darf nicht entmündigt oder wegen Geistesschwäche oder Bewußtseinsstörung außerstande sein, die Bedeutung seiner Willenserklärung zu erkennen und nach dieser Einsicht zu handeln. Ein Testament wird errichtet:

1. vor einem Notar oder Richter (mündlich oder schriftlich);
2. durch eine vom Erblasser eigenhändig geschriebene und mit Vor- und Familiennamen unterschriebene Erklärung, die Datum und Ortsangabe tragen muß;
3. als Nottestament vor dem Bürgermeister der zuständigen Gemeinde, falls die Errichtung eines Testaments vor einem Richter oder einem Notar nicht rechtzeitig möglich ist. Der Bürgermeister muß zwei Zeugen hinzuziehen;
4. in besonderen Fällen bei Vorliegen außerordentlicher Umstände und wenn nahe Todesgefahr besteht, durch eine mündliche Erklärung vor drei Zeugen, die nicht der Ehegatte oder Verwandte oder Verschwägerte des Erblassers sein dürfen, auch nicht der im Testament Bedachte. Hierüber ist eine Niederschrift anzufertigen, die vom Erblasser und den Zeugen unterschrieben werden muß.
5. Ein Nottestament (3 u. 4) gilt als nicht errichtet, wenn seit seiner Errichtung 3 Monate verstrichen sind und der Erblasser noch lebt.
6. Ein gemeinschaftliches Testament kann nur von Ehegatten errichtet werden, das beide eigenhändig unterschreiben müssen.

Wenn Krankenpflegepersonen ein Testament von einem Patienten zur Aufbewahrung erhalten haben, sind sie verpflichtet, dieses sofort nach dem Tode des Erblassers dem Nachlaßgericht zu übergeben.

Meldepflicht bei Geburts- u. Todesfällen

(Personenstandsgesetz in der Fassung vom 8. 8. 1957, BGBl. I S. 1125)

Geburten

Binnen einer Woche muß die Geburt eines Kindes dem Standesbeamten, in dessen Bezirk die Geburt erfolgte, angezeigt werden. Zur Anzeigepflicht sind in nachstehender Reihenfolge verpflichtet:

1. der eheliche Vater,
2. die Hebamme, die bei der Geburt zugegen war,
3. der Arzt, der bei der Geburt zugegen war oder von der Geburt aus eigener Wissenschaft unterrichtet ist,
4. jede andere Person, die bei der Geburt zugegen war, und
5. die Mutter, sobald sie dazu imstande ist.

Demnach sind Krankenpflegepersonen zur Anzeige nur verpflichtet, wenn keine der unter 1—3 genannten Personen dazu in der Lage ist.

Bei der Anzeige der Geburt sind anzugeben:

1. die Vor- und Familiennamen der Eltern, ihr Beruf und Wohnort sowie im Falle ihres Einverständnisses ihr religiöses Bekenntnis,
2. Ort, Tag und Stunde der Geburt,
3. Geschlecht des Kindes,
4. die Vornamen des Kindes,
5. Vor- und Familienname des Anzeigenden, sein Beruf und Wohnort.

Die Geburten in Anstalten werden durch den Leiter der Anstalt oder ausdrücklich dazu ermächtigte Angestellte dem Standesamt angezeigt.

Sterbefälle

Der Tod eines Menschen muß dem Standesbeamten, in dessen Bezirk er gestorben ist, spätestens am folgenden Werktage angezeigt werden. Zur Anzeige in nachstehender Reihenfolge sind verpflichtet:

1. das Familienhaupt,
2. derjenige, in dessen Wohnung sich der Sterbefall ereignet hat,
3. jede Person, die beim Tode zugegen war oder vom Sterbefall aus eigener Wissenschaft unterrichtet ist.

Bei der Anzeige des Todesfalles sind anzugeben:

1. Vor- und Familienname des Verstorbenen, sein Beruf und Wohnort, Ort und Tag seiner Geburt sowie im Falle des Einverständnisses des Anzeigenden sein religiöses Bekenntnis;
2. Vor- und Familienname des Ehegatten oder ein Vermerk, daß der Verstorbene nicht verheiratet war;
3. Ort, Tag und Stunde des Todes;
4. Vor- und Familienname des Anzeigenden, sein Beruf und Wohnort.

Öffentliche Anstalten können die Anzeige schriftlich nach amtlichem Vordruck erstatten.

Gemäß § 29 der Verordnung zur Ausführung des Personenstandsgesetzes vom 12. 8. 1957 (BGBl. I S. 1139) gilt ein Kind im Sinne des § 24 des Personenstandsgesetzes als totgeboren oder in der Geburt verstorben, wenn bei ihm nach der Scheidung vom Mutterleib weder das Herz geschlagen noch die Nabelschnur pulsiert noch die natürliche Lungenatmung eingesetzt hat, die Leibesfrucht jedoch wenigstens 35 cm lang ist. Hat sich aber eines der genannten Merkmale des Lebens gezeigt, so gilt das Kind ohne Rücksicht auf seine Körpergröße als lebend geboren. In diesem Falle gelten also die allgemeinen Bestimmungen über die Anzeige und Eintragung von Geburten.

Fehlgeburten sind totgeborene Früchte, die weniger als 35 cm lang sind. Eine Beurkundung in den Personenstandsbüchern findet nicht statt.

Staatsbürgerkunde

Grundgesetz

Das Bonner Grundgesetz (GG) vom 23. 5. 1949 (BGBl. S. 1) ist die Verfassung der Bundesrepublik Deutschland und erhebt sich damit über das gewöhnliche Gesetz (vgl. auch Art. 70 GG). Das Grundgesetz ist als eine Zwischenlösung gedacht und verliert seine Gültigkeit mit Inkrafttreten einer in freier Entscheidung beschlossenen gesamtdeutschen Verfassung (Art. 146 GG).

Grundrechte

Grundrechte sind verfassungsrechtlich gesicherte subjektive Rechte, die sich in erster Linie gegen den Staat richten. Die wichtigsten in Art. 2 bis 19 sowie 101, 103 und 104 verankerten Grundrechte sind:

1. Freie Entfaltung der Persönlichkeit, körperliche Unversehrtheit;
2. Freiheit der Person;
3. Gleichheit aller Menschen vor dem Gesetz;

4. Gleichberechtigung von Mann und Frau;
5. Keine Benachteiligung wegen Geschlecht, Rasse, Sprache, Heimat, Herkunft, Glauben, religiöser und politischer Anschauung;
6. Glaubens- und Gewissensfreiheit;
7. Kein Zwang zum Kriegsdienst mit der Waffe;
8. Freiheit der Meinungsäußerung;
9. Schutz von Ehe und Familie;
10. Staatliche Ordnung von Schule und Religionsunterricht;
11. Versammlungsfreiheit;
12. Vereinigungsfreiheit;
13. Unverletzlichkeit des Brief- und Postgeheimnisses;
14. Freizügigkeit;
15. Freie Arbeitsplatz- und Berufswahl;
16. Unverletzlichkeit der Wohnung;
17. Gewährleistung von Eigentum und Erbrecht;
18. Auslieferungsverbot, Asylrecht;
19. Bitt- und Beschwerderecht;
20. Anrufung der Gerichte bei Rechtseingriffen;
21. Gewährung des gesetzlichen Richters und
22. Einräumung rechtlichen Gehörs.

Die Bundesrepublik Deutschland

Sie ist ein demokratischer und sozialer Bundesstaat, in dem sich die westdeutschen Länder zusammengeschlossen haben.

Es sind dies

1. Baden-Württemberg;
2. Bayern;

3. Bremen;
4. Hamburg;
5. Hessen;
6. Niedersachsen;
7. Nordrhein-Westfalen;
8. Rheinland-Pfalz;
9. Saarland;
10. Schleswig-Holstein;
11. Berlin.

Das Land Berlin darf gemäß dem weiter bestehenden Vorbehalt noch keine abstimmungsberechtigte (nur beratende) Mitgliedschaft im Bundestag und Bundesrat ausüben und auch nicht durch den Bund „regiert" werden. Nach Art. 23 Abs. 1 GG und Art. 1 Absatz 2 der Berliner Verfassung ist jedoch Berlin ein Land der Bundesrepublik Deutschland (so auch Beschluß des Bundesverfassungsgerichts vom 21. 5. 1957).

Die Länder besitzen ihre eigene Staatlichkeit, sie haben eigene Verfassungen, Staatsgebiete und Staatsgewalten.

Der Bundestag

Er ist als Vertretung des Deutschen Volkes das höchste Bundesorgan, er besteht aus Abgeordneten des Deutschen Volkes, welche auf 4 Jahre in allgemeiner, unmittelbarer, freier, gleicher und geheimer Wahl gewählt werden.

Ihm steht der Bundestagspräsident vor. Die Befugnisse des Bundestags erstrecken sich auf die Gesetzgebung und die Kontrolle der Bundesregierung.

Der Bundesrat

Er ist die Vertretung der Länder und wirkt bei der Gesetzgebung und bei der Verwaltung des Bundes mit. Er besteht aus Mitgliedern der Regierungen der Länder. Den Vorsitz führt der Bundesratspräsident, der jeweils auf 1 Jahr gewählt wird. Er ist gleichzeitig der Vertreter des Bundespräsidenten.

Bundestag und Bundesrat besitzen jeweils Fachausschüsse, die im wesentlichen den verschiedenen Bundesministerien entsprechen, und bei denen das Hauptgewicht der Einzelarbeit liegt.

An der Spitze der Bundesrepublik steht der Bundespräsident als Staatsoberhaupt. Er wird von der Bundesversammlung gewählt, die Amtsdauer beträgt 5 Jahre, eine anschließende Wiederwahl ist nur einmal zulässig.

Die Bundesversammlung

Sie besteht aus den Mitgliedern des Bundestags und einer gleichen Anzahl von Mitgliedern, die von den Volksvertretungen der Länder gewählt werden (Art. 54 Abs. 3 GG).

Der Bundespräsident ist für seine politischen Entscheidungen im wesentlichen nicht verantwortlich. Die Verantwortung tragen der Bundeskanzler und die zuständigen Bundesminister durch Gegenzeichnung der Anordnungen oder Verfügungen des Bundespräsidenten. Dieser fertigt die Gesetze aus und verkündet sie im Bundesgesetzblatt, ferner kann er unter bestimmten Voraussetzungen den Bundestag einberufen und auflösen. Er schlägt dem Bundestag den Bundeskanzler vor und ernennt ihn nach erfolgter Wahl. Auch ernennt er auf Vorschlag des Bundeskanzlers die Bundesminister und entläßt sie. Er übt außerdem das Begnadigungsrecht für den Bund aus.

Die Bundesregierung

Sie besteht aus dem Bundeskanzler und den Bundesministern (Kabinett). Die Zahl der Bundesminister liegt verfassungsmäßig nicht fest, sie wird jeweils durch Beschluß der Bundesregierung und durch den Bundeshaushalt bestimmt. Bei der Bundesregierung liegt der Schwerpunkt der Regierungsaufgaben.

Die Dreiteilung der Gewalten

Das Grundgesetz folgt dem Grundsatz der Gewaltenteilung. Nach Art. 20 geht die Staatsgewalt vom Volke aus. Sie wird vom Volke in Wahlen und Abstimmungen und durch besondere Organe der Gesetzgebung (Legislative), der vollziehenden Gewalt (Exekutive) und der Rechtsprechung (Judikative) ausgeübt. Diese Dreiteilung der Gewalten soll die Zusammenballung staatlicher Macht in einer Hand verhindern.

Die Gesetzgebung wird vom Bundestag unter Beteiligung des Bundesrats,

die vollziehende Gewalt (Verwaltung) vom Bundespräsidenten und von der Bundesregierung,

die Rechtsprechung von unabhängigen Gerichten wahrgenommen.

Gesetzgebungskompetenz

Auf dem Gebiet der Gesetzgebung wird unterschieden:

1. Die ausschließliche Gesetzgebung des Bundes; hier sind die Länder zur Gesetzgebung nur auf Grund besonderer Ermächtigung befugt.
2. Die konkurrierende Gesetzgebung; hier können die Länder Gesetze erlassen solange und soweit der Bund von seinem Gesetzgebungsrecht keinen Gebrauch macht.
3. Die Rahmengesetzgebung des Bundes; hier kann der Bund auf bestimmten Gebieten Rahmenvor-

schriften erlassen, wenn ein Bedürfnis vorliegt. Diese sind durch den Landesgesetzgeber auszufüllen.

Weg der Gesetzgebung

Ein Bundesgesetz kommt wie folgt zustande:

1. Einbringung eines Gesetzentwurfs beim Bundestag
   a) durch die Bundesregierung;
   b) durch die Mitglieder des Bundestags (mindestens 15 Abgeordnete);
   c) durch den Bundesrat;
2. Beschluß der Gesetzesvorlage und Annahme des Gesetzes durch den Bundestag;
3. Zustimmung bzw. Mitwirkung des Bundesrats;
4. Ausfertigung des Gesetzes durch den Bundespräsidenten nach Gegenzeichnung durch den Bundeskanzler oder die sachlich zuständigen Minister;
5. Gesetzesverkündung im Bundesgesetzblatt.

Sozialversicherung

Die deutsche Sozialversicherung ist eine öffentlich-rechtliche Zwangsversicherung für die Gruppen der Bevölkerung, die gegenüber Notlagen des Lebens (Krankheit, Invalidität, Unfall, Alter, Tod des Ernährers, Berufsunfähigkeit und Arbeitslosigkeit) keinen Rückhalt besitzen.

Die Sozialversicherungsgesetze geben dem Versicherten und seinen Angehörigen einen Rechtsanspruch auf die gesetzlich vorgeschriebenen oder durch Satzungen der Versicherungsträger festgelegten Leistungen im Falle eines derartigen Notstandes.

Neben der Bestrebung — zu unterstützen — soll die Sozialversicherung auch eine umfassende Gesundheitsfürsorge (Frühbehandlung, Erfassung Gesundheitsgefährdeter, Förderung der Körperpflege und gesundheitsgemäße Lebensführung) zu ihren Aufgaben zählen. Sie soll also nicht nur gesundheitliche Schäden ausgleichen, sondern auch für die Vorbeugung gegen diese Schäden sorgen. In der Bezeichnung „Versicherungspflicht" äußert sich als Hauptmerkmal ihr Zwangscharakter, wonach bei Vorliegen bestimmter Voraussetzungen der Versicherungspflichtige unabhängig von seinem Willen versichert ist. Die Mittel werden durch die Beiträge der Versicherten und der Arbeitgeber neben Gewährung von Staatszuschüssen aufgebracht.

Die gesetzliche Regelung der Sozialversicherung geht zurück auf die Kaiserliche Botschaft vom 17. 11. 1881. Die einzelnen Gesetze über die verschiedenen Versicherungen (Kranken-, Unfall-, Invaliditäts- und Altersversicherung) wurden 1911 in der RVO zusammengefaßt. Daneben wurde für die Angestellten das Angestelltenversicherungsgesetz geschaffen. Neben einer Knappschaftsversicherung für den Bergbau gibt es seit 1927 noch die Arbeitslosenversicherung. In diesem Zusammenhang wird auf das Arbeitsförderungsgesetz v. 25. 6. 1969 (BGBl. I S. 582) aufmerksam gemacht. Zur Anpassung der Leistungen der Sozialversicherung an das veränderte Lohn- und Preisgefüge wurde 1949 das Sozialversicherungsanpassungsgesetz erlassen, das neben wesentlichen Verbesserungen der Rentenleistungen eine Erhöhung der Beiträge gebracht hat. 1957 wurden Gesetze zur Neuregelung des Rechts der Rentenversicherung der Arbeiter und der Angestellten sowie zur Neuregelung der knappschaftlichen Rentenversicherung erlassen. Die Sozialversicherungslasten erhöhten sich für den Arbeitnehmer jedoch im allgemeinen nicht, da die Versicherungsbeiträge jetzt von einzelnen Ausnahmen abgesehen je zur Hälfte von Arbeitgeber und Arbeitnehmer getragen werden (früher Arbeitnehmer ⅔).

Im Jahre 1953 wurden zur Ergänzung der Reichsversicherungsordnung das Sozialgerichtsgesetz und das Arbeitsgerichtsgesetz erlassen. Für alle sich aus dem Sozialversicherungsgesetz ergebenden Streitigkeiten ist nach dem Sozialgerichtsgesetz vom 3. 9. 1953 (BGBl. I S. 1239) das Sozialgericht mit entsprechenden Instanzen zuständig.

Die Reichsversicherung faßt folgende Versicherungszweige zusammen:

Krankenversicherung

Unfallversicherung

Rentenversicherung der Arbeiter und

Rentenversicherung der Angestellten

1. Die Krankenversicherung

hat die Aufgabe, Versicherte und ihre Angehörigen gegen Krankheit und dadurch bedingte Arbeitsunfähigkeit mit dem Ziel der Wiederherstellung zu schützen und für diese Zeit wirtschaftlich zu unterstützen. Die Versicherungsträger sind in diesem Fall die Krankenkassen (Allgemeine Ortskrankenkasse, Betriebs-, Innungs- und Seekrankenkassen sowie Ersatzkassen).

Versicherungspflichtig sind nach § 165 RVO Arbeiter und Angestellte — mit Ausnahme der Lehrlinge —; bei Angestellten, soweit ihr regelmäßiger Jahresarbeitsverdienst fünfundsiebzig vom Hundert der für Jahresbezüge in der Rentenversicherung der Arbeiter geltenden Beitragsbemessungsgrenze (§ 1385 Abs. 2) nicht übersteigt, sowie Personen, die die Voraussetzungen für den Bezug einer Rente aus der Rentenversicherung der Arbeiter oder Angestellten erfüllen, und Hinterbliebene der vorgenannten Personen, welche die Voraussetzungen für den Bezug einer Hinterbliebenenrente erfüllen, jedoch nur, wenn sie nicht nach anderen gesetzlichen Vorschriften versichert sind.

Für den Fall der Krankheit werden ferner versichert Hausgewerbetreibende, selbständige Lehrer, Erzieher und Musiker, die in ihrem Betrieb keine Angestellten beschäftigen, Artisten, Hebammen mit Niederlassungserlaubnis und die in Kranken-, Wochen-, Säuglings- und Kinderpflege selbständig tätigen Personen, die in ihrem Betrieb keine Angestellten beschäftigen, wenn ihr Jahreseinkommen nicht die im vorstehenden Absatz genannte Grenze übersteigt.

Versicherungsfrei nach dem Gesetz sind u. a. vorübergehend Beschäftigte, in Ausbildung stehende Personen, Ehegatten, Beamte, Schwestern vom Roten Kreuz, Schulschwestern u. ä. Personen, wenn sie überwiegend gemeinnützig tätig sind und nicht mehr als freien Unterhalt oder geringes Entgelt beziehen.

Versicherte und Arbeitgeber tragen die Beiträge je zur Hälfte, freiwillig Versicherte zahlen ihren Beitrag jedoch allein. Die Krankenkassen gewähren unterschiedliche Versicherungsleistungen, getrennt nach Regel-, Ersatz- und Mehrleistungen.

Regelleistungen:

1. Maßnahmen zur Früherkennung von Krankheiten
   Hiernach haben Versicherte zur Sicherung der Gesundheit Anspruch auf folgende Maßnahmen zur Früherkennung von Krankheiten:
   1. Kinder bis zur Vollendung des vierten Lebensjahres auf Untersuchungen zur Früherkennung von Krankheiten, die eine normale körperliche oder geistige Entwicklung des Kindes in besonderem Maße gefährden,
   2. Frauen vom Beginn des dreißigsten Lebensjahres an

einmal jährlich auf eine Untersuchung zur Früherkennung von Krebserkrankungen,

3. Männer vom Beginn des fünfundvierzigsten Lebensjahres an einmal jährlich auf eine Untersuchung zur Früherkennung von Krebserkrankungen.

Darüber hinaus sind weitere Maßnahmen zur Früherkennung von Krankheiten vorgesehen. Bei Inanspruchnahme von Untersuchungen zur Früherkennung von Krankheiten ist dem Arzt ein Berechtigungsschein vorzulegen.

2. Krankenhilfe

Krankenpflege vom Beginn der Krankheit an; sie umfaßt ärztliche Behandlung, Versorgung mit Arzneimitteln, Brillen, Bruchbändern und anderen kleineren Hilfsmitteln. Krankenpflege wird ohne zeitliche Begrenzung gewährt.

Krankengeld, wenn die Krankheit den Versicherten arbeitsunfähig macht. Nach dem **„Gesetz über die Fortzahlung des Arbeitsentgelts im Krankheitsfalle und über Änderungen des Rechts der gesetzlichen Krankenversicherung** vom 27. 7. 1969 (BGBl I S. 946) wird Krankengeld nach der Entgeltfortzahlung wegen des durch Arbeitsunfähigkeit entgangenen regelmäßigen Arbeitsentgelts (Regellohn) gezahlt. Für einen Versicherten mit einem Angehörigen, den er bisher ganz oder überwiegend unterhalten hat, erhöht es sich um 4 v. H. und für jeden weiteren solchen Angehörigen um je weitere 3 v. H. des Regellohns. Das Krankengeld soll nach Ablauf der 6 Wochenfrist 85 v. H. des Regellohns und 100 v. H. des Nettolohns nicht übersteigen. Zu diesen Leistungen hat der Arbeitgeber einen Zuschuß zu gewähren in Höhe des Unterschiedsbetrages zwischen dem Krankengeld und dem Netto-Arbeitsentgelt. Krankengeld wird unter Berücksichtigung der Entgeltfortzahlung von dem Tage an gewährt, an dem die Arbeitsunfähigkeit ärztlich festgestellt wird, im übrigen von dem darauffolgenden Tage an. Krankengeld wird ohne zeitliche Begrenzung gewährt, für den Fall der Arbeitsunfähigkeit wegen derselben Krankheit jedoch für höchstens 78 Wochen, innerhalb von 3 Jahren, gerechnet vom Tage des Beginns der Arbeitsunfähigkeit.

Wird einem Versicherten Krankenhauspflege gewährt, so ist vom Beginn der Krankenhauspflege an Krankengeld zu zahlen.

3. Mutterschaftsgeld für weibliche Versicherte, die bei Beginn der Schutzfrist nach § 3 des Mutterschutzgesetzes in einem Arbeitsverhältnis stehen oder deren Arbeitsverhältnis während der Schwangerschaft vom Arbeitgeber zulässig aufgelöst ist, erhalten Mutterschaftsgeld. Voraussetzung ist, daß zwischen dem 10. und dem 4. Monat vor der Entbindung für mindestens 12 Wochen Versicherungspflicht oder ein Arbeitsverhältnis bestanden hat.
4. Sterbegeld beim Tode des Versicherten in Höhe des 30fachen Grundlohns.
5. Familienhilfe für Ehegatten und Kinder sowie Mutterschaftshilfe für Ehefrau und Töchter.

Ersatzleistungen:

An Stelle von Krankengeld (ärztliche Behandlung und Krankengeld) kann die Krankenkasse Krankenhauspflege gewähren, für Mutterschaftshilfe sinngemäß Entbindungsanstaltspflege.

Mehrleistungen:

Erhöhung von Krankenhaus-, Mutterschafts-, Still- und Sterbegeld, Verlängerung der Bezugsdauer, Zubilligung von Hilfsmitteln gegen Verunstaltung und Verkrüppelung usw.

Der Versicherungsanspruch wird geltend gemacht durch den Krankenschein und die Inanspruchnahme eines approbierten Arztes oder Zahnarztes, der von der Krankenkasse zugelassen ist. Die Krankenkasse bedient sich von Fall zu Fall bestimmter Vertrauensärzte und Kontrollpersonen, die die Arbeitsunfähigkeit überwachen.

2. Die Unfallversicherung — Unfallversicherungs-Neuregelungsgesetz — UVNG — vom 30. 4. 1963 (BGBl. I S. 241) mit dem Gesetz über Unfallversicherung für Schüler und Studenten sowie Kinder in Kindergärten vom 18. 3. 1971 (BGBl. I S. 238) hat die Aufgabe,

1. Arbeitsunfälle zu verhüten;
2. nach Eintritt eines Arbeitsunfalls den Verletzten, seine Angehörigen und seine Hinterbliebenen zu entschädigen
   a) durch Wiederherstellung der Erwerbsfähigkeit des Verletzten, durch Arbeits- und Berufsförderung (Berufshilfe) und durch Erleichterung der Verletzungsfolgen;
   b) durch Leistungen in Geld an den Verletzten, seine Angehörigen und seine Hinterbliebenen.

Als Versicherungsträger treten im allgemeinen Berufsgenossenschaften auf, und zwar für Pflegepersonen, die im privaten Bereich oder in kofessionellen Krankenhäusern tätig sind, die Berufsgenossenschaft für Gesundheitsdienst und Wohlfahrtspflege. Zu dem Kreis der Versicherungspflichtigen gehören u. a. alle auf Grund eines Dienst-, Arbeits- oder Lehrverhältnisses Beschäftigten sowie in der Wohlfahrtspflege tätigen Personen und alle Beschäftigten in unfallgefährdeten Betrieben.

Der Träger der Unfallversicherung hat mit allen geeigneten Mitteln für die Verhütung von Arbeitsunfällen und für eine wirksame Erste Hilfe zu sorgen.

Zur Durchführung der Unfallversicherung, für die das Land Berlin Träger ist, wurde die Eigenunfallversicherung Berlin — Ausführungsbehörde für gesetzliche Unfallversicherung — errichtet. Alle in Behörden, Dienststellen, Körperschaften, Anstalten, Betrieben usw. des Landes Berlin auf Grund eines Arbeits-, Dienst- oder Lehrverhältnisses Beschäftigten — u. a. Medizinalhilfspersonen — sind kraft Gesetzes gegen die Folgen von Arbeitsunfällen und entschädigungspflichtigen Berufskrankheiten bei der Eigenunfallversicherung (EUV) versichert.

Versicherungsfrei sind Beamte, Ärzte, Heilpraktiker, Zahnärzte und Apotheker sowie Angestellte, soweit ihnen Unfallfürsorge auf Lebzeiten gewährt ist.

Als Arbeitsunfall gilt auch ein Unfall auf dem Wege vom und zum Ort der Tätigkeit, ebenfalls ist der Weg zur und von der Heilbehandlung unfallversichert. Ferner gilt als Arbeitsunfall eine Berufskrankheit. Berufskrankheiten sind Krankheiten, welche die Bundesregierung durch Rechtsverordnung mit Zustimmung des Bundesrats bezeichnet und die ein Versicherter bei der Ausübung seiner beruflichen Tätigkeit erleidet.

Zu diesen Berufskrankheiten gehören auch die Infektionskrankheiten, wenn sie bei Personen auftreten, die in Krankenhäusern, Heil- und Pflegeanstalten, Entbindungsheimen, in Einrichtungen des öffentlichen Gesundheitsdienstes oder in Laboratorien beschäftigt sind und sich dort bei der Berufsarbeit infiziert haben. Ferner werden Schädigungen und Erkrankungen durch Röntgenstrahlen und andere in der jeweils gültigen Berufskrankheiten-Verordnung bezeichneten Ursachen als Berufskrankheiten anerkannt.

Außerdem regelte die Bundesregierung durch Rechtsverordnung u. a. die Anzeige von Berufskrankheiten durch Unternehmer und Ärzte und die Witwirkung der für den medizinischen Arbeitsschutz zuständigen Stellen bei der Feststellung von Berufskrankheiten.

Ein absichtlich oder vorsätzlich verursachter Arbeitsunfall begründet keine Ansprüche seitens des Verletzten und seiner Hinterbliebenen.

Für die Beiträge hat ausschließlich der Arbeitgeber aufzukommen. Sie richten sich nach dem Entgelt, den die Versicherten verdienen, und der Gefahrenklasse (Grad der Unfallgefahr).

Als Versicherungsleistungen werden gewährt Heilbehandlung, Verletztengeld, Wiederherstellung oder Erneuerung von Körperersatzstücken, Berufshilfe, Verletztenrente, Sterbegeld und Renten an Hinterbliebene.

Die Heilbehandlung umfaßt

1. ärztliche Behandlung;
2. Versorgung mit Arznei- und anderen Heilmitteln, Ausstattung mit Körperersatzstücken und orthopädischen und anderen Hilfsmitteln;
3. Gewährung von Pflege und Kuren.

Verletztengeld erhält der Verletzte, solange er infolge des Arbeitsunfalls arbeitsunfähig im Sinne der Krankenversicherung ist und soweit er Arbeitsentgelt nicht erhält.

Die Berufshilfe umfaßt

1. Maßnahmen zur Wiedergewinnung der Fähigkeit, den bisherigen oder nach Möglichkeit gleichwertigen Beruf oder eine entsprechende Erwerbstätigkeit auszuüben;
2. Ausbildung für einen anderen zumutbaren Beruf oder eine andere zumutbare Erwerbstätigkeit;
3. Hilfe zur Erhaltung oder Erlangung einer zumutbaren, nach Möglichkeit gleichwertigen Arbeitsstelle im Zusammenwirken mit der Bundesanstalt für Arbeitsvermittlung und Arbeitslosenversicherung;
4. nachgehende Maßnahmen.

Leistungen in Geld (Verletztenrente, Sterbegeld, Hinterbliebenenrente, Beihilfen) werden nach dem Jahresarbeitsverdienst berechnet. Der Jahresarbeitsverdienst beträgt mindestens das Dreihundertfache des z. Z. des Arbeitsunfalls bestehenden Ortslohnes, höchstens 36 000,— DM; für die Versicherten nach § 539 Satz 1 Nr. 14 RVO gelten für die Berechnung des Jahresarbeitsverdienstes, sofern sie das 14. Lebensjahr noch nicht vollendet haben, besondere Vorschriften.

Wenn der Verletzte seine Erwerbsfähigkeit infolge des Arbeitsunfalls verloren hat, erhält er eine Rente in Höhe von zwei Drittel des Jahresarbeitsverdienstes (Vollrente), wenn die Erwerbsfähigkeit um wenigstens ein Fünftel gemindert ist, den Teil der Vollrente, der dem Grad der Minderung seiner Erwerbsfähigkeit entspricht (Teilrente).

Bei Tod durch Arbeitsunfall ist als Sterbegeld der zwölfte Teil des Jahresarbeitsverdienstes, mindestens jedoch der Betrag von 400,— DM zu gewähren. Die Witwe erhält bis zu ihrem Tode oder ihrer Wiederverheiratung eine Witwenrente in Höhe von drei Zehnteln des Jahresarbeitsverdienstes. Hat sie das 45. Lebensjahr vollendet oder erzieht sie ein waisenrentenberechtigtes Kind oder ist sie berufs- oder erwerbsunfähig, erhält sie eine Witwenrente von zwei Fünfteln des Jahresarbeitsverdienstes. Jedes Kind des durch Arbeitsunfall Verstorbenen erhält bis zur Vollendung des 18. Lebensjahres eine Waisenrente von drei Zehnteln des Jahresarbeitsverdienstes, wenn es Vollwaise ist, von einem Fünftel, wenn es Halbwaise ist.

Die Renten der Hinterbliebenen dürfen zusammen vier Fünftel des Jahresarbeitsverdienstes nicht überschreiten, sonst werden sie anteilig gekürzt.

Daneben können auf Antrag nach bestimmten Vorschriften Abfindungen für Renten erfolgen.

Für die Anmeldung des Versicherungsanspruchs sind bestimmte Vorschriften zu beachten. Der Berufsgenossenschaft muß auf vorgeschriebenem Meldeformular vom Betriebsunternehmer Anzeige erstattet werden.

1. Meldung eines Unfalles: Jeder Unfall ist vom Arbeitgeber binnen 3 Tagen, nachdem er ihn erfahren hat, auf dem gelben Unfallanzeigeformular anzuzeigen, und zwar
   a) an den zuständigen Versicherungsträger (für Medizinalhilfspersonen: Berufsgenossenschaft für Gesundheitsdienst und Wohlfahrtspflege bzw. Träger der gemeindlichen Unfallversicherung, z. B. Eigenunfallversicherung).
   b) an die Polizeibehörde des Unfallortes, falls der Verunglückte infolge des Unfalls sein Leben einbüßt.

2. Meldung einer Berufskrankheit: Die Meldung muß binnen 3 Tagen auf dem grünen Anzeigeformular
   a) an den Gewerbearzt,
   b) an die Berufsgenossenschaft für Gesundheitsdienst und Wohlfahrtspflege bzw. an den Träger der gemeindlichen Unfallversicherung, z. B. Eigenunfallversicherung,
   c) an die Polizeibehörde des Erkrankungsortes, falls die Berufskrankheit unmittelbar zum Tode geführt hat,

erfolgen.

Zur Verhütung von Unfällen und Bekämpfung der Berufskrankheiten bestehen für Medizinalhilfspersonen **Unfallverhütungsvorschriften.** Die Bestimmungen müssen dem Unternehmer und dem Versicherten bekannt sein und daher für jeden im Betrieb Beschäftigten sichtbar ausliegen. Neben allgemeinen Bestimmungen über die Arbeitskleidung, Nahrung, Sauberkeit,

Desinfektion, Betriebseinrichtungen und Gebrauchsgegenstände bestehen auch besondere Vorschriften über die Infektionsverhütung und für den Arbeitseinsatz in der Tuberkulosepflege.

So enthalten die Unfallverhütungsvorschriften im I. Teil allgemeine Vorschriften über Pflichten des Unternehmers und des Versicherten, insbesondere zur Befolgung aller im Interesse der Unfallvorbeugung erlassenen Anordnungen, ferner über allgemeine Anforderungen an Betriebsanlagen und Betriebsführung unter besonderer Berücksichtigung elektrischer Anlagen. Teil II enthält gesundheitsdienstliche Sondervorschriften über Infektionsverhütung und besondere Vorschriften für Bestrahlungsbetriebe, ferner Vorschriften für elektromedizinische Anlagen und für Betriebe der Zahnheilkunde. Teil III enthält Anweisungen über Erste Hilfe und Verhalten bei Unfällen. In einem Anhang sind neben den „Verkehrsregeln", den „Richtlinien über Schutz gegen gefährliche Gase und Dämpfe", auch die vom früheren Reichsgesundheitsamt herausgegebene „Anweisung zur Verhütung der Ansteckung mit Tuberkulose für in Anstalten tätige Krankenpflegepersonen" abgedruckt.

In den Gebäuden und Räumen sind Treppen und Fußböden verkehrssicher zu halten, d. h. sie dürfen durch Einwachsen und Bohnern nicht glatt sein und sind — soweit möglich — abzustumpfen. Türvorleger sind zu beseitigen oder gefahrensicher zu befestigen. Elektrische Schalter müssen in unbeschädigtem Zustand sein. Steile Abstiege, Treppen und Kellertüren sind gefahrensicher abgeschlossen zu halten. Stehleitern müssen ordnungsmäßig aufgestellt und beiderseits der Wangen mit Ketten oder Gelenkeisen gesichert sein. Das Fensterputzen von außen darf nur von sicher angeseilten Personen ausgeführt werden.

Bei allen Arbeiten, die erfahrungsgemäß Augenschädigungen verursachen können, z. B. bei Ultraviolett-Lampen, sind als

Schutzmittel Brillen, Masken, Schirme usw. bereit zu halten und zu benutzen.

Jede Pflegekraft ist für die Unfallverhütung mitverantwortlich. Mängel, die sie feststellt und nicht selbst sofort abstellen kann, sind unverzüglich der verantwortlichen Stelle zu melden. Bei der Bedienung von elektrischen Apparaten (Röntgen, Diathermie usw.) ist zu beachten: Vorsicht beim Ein- und Ausschalten; keine provisorischen Leitungen; keine feuchten Hände; ggf. erst ausschalten und dann den Apparat anfassen. Bei der Anwendung von Röntgen- und Radiumbestrahlungen, die schwere Gesundheitsschäden verursachen können, sind besondere Schutzmaßnahmen zu berücksichtigen. Jede Schädigung ist vermeidbar durch genügend strahlensicheren Bau des Röntgengerätes und richtiges Verhalten des Personals. Die Röntgenschwester soll die behördliche Genehmigung haben, den Beruf einer medizinisch-technischen Assistentin bzw. Gehilfin auszuüben. Andere Schwestern dürfen dort nicht röntgenologisch arbeiten. Insbesondere muß das direkte Strahlenbündel gemieden werden. Daher muß die Pflegeperson, die beispielsweise ein Kind zum Röntgen hält, mit langstulpigen Bleigummihandschuhen und der Bleischürze geschützt sein, damit sie weder von direkter noch indirekter Strahlung getroffen werden kann.

Leicht entzündliche, explosive, giftige und ätzende Stoffe dürfen nur in geeigneten Behältern an sicheren Stellen unter Verschluß, Aufsicht und besonderer Kennzeichnung aufbewahrt werden. Besonders Gift- und Ätzstoffe sind in Gefäßen zu verwahren, die durch ihre besondere Form und Farbe auffallen und daher ein Verwechseln mit Trinkgefäßen ausschließen.

Die Berufsgenossenschaft für Gesundheitsdienst und Wohlfahrtspflege hat „Richtlinien zur Verhütung von Unfällen und Berufskrankheiten durch häufig vorkommende Betriebsgefahren“ herausgegeben. Die Berufsgenossenschaft hat auch über den Arbeitseinsatz in der Tuberkulosepflege in Anlehnung an die Unfallverhütungsvorschriften von 1958 nachstehende Richtlinien aufgestellt:

a) Personen, bei denen die Tuberkulinprobe negativ ausfällt, dürfen nur beschäftigt werden, wenn gewährleistet ist, daß erkennbar Tbc-kranke Patienten in der Einrichtung nicht aufgenommen werden.

b) Zur ständigen Behandlung, Pflege und Betreuung ansteckungsfähiger tuberkulöser Kranker in Tbc-Krankenanstalten sind bevorzugt arbeitsfähige tuberkulöse Personen heranzuziehen.

Ferner bestehen „Unfallverhütungsvorschriften über Behandlung, Pflege und sonstige Betreuung von Kranken und Siechen“ sowie ein Merkblatt über „Verhütung der Ansteckung bei der Pflege und Betreuung Tuberkulosekranker“.

3. Die Rentenversicherung der Arbeiter

— Arbeiterrentenversicherungs-Neuregelungsgesetz — ArVNG — vom 23. 2. 1957 (BGBl. I S. 45)

hat die Aufgabe, die Erwerbsfähigkeit des Versicherten zu erhalten, zu bessern oder wiederherzustellen und bei Berufsunfähigkeit oder Erwerbsunfähigkeit Renten zu gewähren. Sie hat außerdem Altersruhegeld zu zahlen und an Hinterbliebene verstorbener Versicherter Renten zu gewähren, ferner die Förderung von Maßnahmen zur Hebung der gesundheitlichen Verhältnisse in der versicherten Bevölkerung wahrzunehmen. Versicherungsträger sind die Landesversicherungsanstalten.

Versicherungspflichtig sind u. a. besonders alle Arbeiter, die als Arbeitnehmer gegen Entgelt oder zu ihrer

Berufsausbildung beschäftigt sind sowie alle Hausgewerbetreibenden und Heimarbeiter.

Versicherungsfrei sind alle Beamten, soweit die Versorgung sichergestellt ist, und Soldaten der Bundeswehr sowie u. a. Ruhegeldbezieher und im Hochschulstudium zur Ausbildung für den künftigen Beruf stehende Personen.

Die freiwillige Versicherung ist nur in Form der Weiterversicherung möglich, wenn innerhalb von 10 Jahren während mindestens 60 Kalendermonaten Beiträge für eine rentenversicherungpflichtige Beschäftigung entrichtet wurden. Berufsunfähig ist der Versicherte, dessen Erwerbsfähigkeit infolge von Krankheit oder anderen Gebrechen oder Schwäche seiner körperlichen oder geistigen Kräfte auf weniger als die Hälfte derjenigen eines körperlich und geistig gesunden Versicherten mit ähnlicher Ausbildung und gleichwertigen Kenntnissen und Fähigkeiten herabgesunken ist. Der Kreis der Tätigkeiten, nach denen die Erwerbsfähigkeit eines Versicherten zu beurteilen ist, umfaßt alle Tätigkeiten, die seinen Kräften und Fähigkeiten entsprechen und ihm unter Berücksichtigung der Dauer und des Umfangs seiner Ausbildung sowie seines bisherigen Berufs und der besonderen Anforderungen seiner bisherigen Berufstätigkeit zugemutet werden können. Zumutbar ist stets eine Tätigkeit, für die der Versicherte durch Maßnahmen zur Erhaltung, Besserung oder Wiederherstellung der Erwerbsfähigkeit mit Erfolg ausgebildet oder umgeschult worden ist.

Erwerbsunfähig ist der Versicherte, der infolge von Krankheit oder anderen Gebrechen oder von Schwäche seiner körperlichen oder geistigen Kräfte auf nicht absehbare Zeit eine Erwerbstätigkeit in gewisser Regelmäßigkeit nicht mehr ausüben oder nicht mehr als nur geringfügige Einkünfte durch Erwerbstätigkeit erzielen kann.

Die Wartezeit für die Rente wegen Berufsunfähigkeit oder Erwerbsunfähigkeit ist erfüllt, wenn vor Eintritt der Berufs- oder Erwerbsunfähigkeit eine Versicherungszeit von 60 Kalendermonaten zurückgelegt ist.

Altersruhegeld erhält der Versicherte, der das 65. Lebensjahr vollendet hat, wenn die Wartezeit erfüllt ist, d. h. wenn eine Versicherungszeit von 180 Kalendermonaten zurückgelegt ist. Vorgezogenes Altersruhegeld nach Vollendung des 60. Lebensjahres kann u. a. nach einjähriger ununterbrochener Arbeitslosigkeit und für weibliche Versicherte wegen Aufgabe der Erwerbstätigkeit gewährt werden. Der Beitragssatz für die Pflichtversicherten beträgt 17 v. H. der Bezüge des Versicherten, soweit diese die alljährlich vom Bundesminister für Arbeit festzusetzenden Beitragsbemessungsgrenzen nicht überschreiten. Die Pflichtbeiträge sind im allgemeinen — von einigen Versichertengruppen abgesehen — je zur Hälfte vom Arbeitnehmer und Arbeitgeber zu tragen.

Die Beiträge werden vom Arbeitgeber entrichtet bzw. können von freiwillig Versicherten selbst durch Kauf von Beitragsmarken entrichtet werden, die in die Versicherungskarte vom Versicherten einzukleben sind.

Zu den Maßnahmen zur Erhaltung, Besserung und Wiederherstellung der Erwerbsfähigkeit gehören Heilbehandlung, Berufsförderung und soziale Betreuung.

4. Die Rentenversicherung der Angestellten

— Angestelltenversicherungs-Neuregelungsgesetz — AnVNG — vom 23. 2. 1957 (BGBl. I S. 88)

hat die gleichen Aufgaben für Angestellte zu erfüllen wie die Arbeiterrentenversicherung für die Arbeiter. Versicherungsträger ist die Bundesversicherungsanstalt für Angestellte.

V e r s i c h e r u n g s p f l i c h t i g sind alle Angestellten darunter auch Angestellte in Berufen der Erziehung, des Unterrichts, der Fürsorge, der Kranken- und Wohlfahrtspflege sowie u. a. selbständige Lehrer, Musiker, Artisten, Hebammen mit Niederlassungserlaubnis und in der Kranken-, Wochen- und Kinderpflege selbständig tätige Personen.

Versicherungsfrei sind u. a. Beamte, Richter, Geistliche, wenn die lebenslängliche Versorgung gewährleistet ist, sowie Soldaten der Bundeswehr, Ruhegeldempfänger und im Hochschulstudium oder an einer Fachschule zur Ausbildung für den künftigen Beruf stehende Personen (Lernschwestern).

Die Bestimmungen über die Regelleistungen, Beitragssätze und Entrichtung der Beiträge entsprechen denen der Arbeiterrentenversicherung.

Öffentlicher Gesundheitsdienst

Organisation

Durch das „Gesetz über die Vereinheitlichung des Gesundheitswesens vom 3. Juli 1934" (RGBl. I S. 531, 794) wurde auf dem Gebiet des öffentlichen Gesundheitswesens für das ehemalige Reichsgebiet eine einheitliche Regelung geschaffen. 1945 wurden diese Aufgaben des Reichs von den einzelnen Landesregierungen übernommen. In einigen Ländern gehört das Gesundheitswesen zum Bereich des Innenministers, in anderen zum Bereich des Sozial- oder Arbeitsministers. In den Hansestädten Hamburg und Bremen bestehen Sonderverwaltungen für das Gesundheitswesen und auch in Berlin besteht eine eigene Abteilung Gesundheitswesen. In den Ländern der Ostzone ist das Gesundheitswesen den Arbeits- und Sozialministerien angeschlossen. Auf Grund des genannten Gesetzes wurden in den Land- und Stadtkreisen in Anlehnung an die unteren Verwaltungsbehörden der Landratsämter staatliche Gesundheitsämter eingerichtet. Auch kommunale Gesundheitsämter konnten als staatliche anerkannt werden, wenn sie bisher schon die geforderten ärztlichen Aufgaben erfüllt hatten. Besonders war das in den Großstädten der Fall. In der damaligen britischen Besatzungszone sind die ehemaligen staatlichen Gesundheitsämter mit Ausnahme von Niedersachsen alle kommunalisiert worden, im Gegensatz zur damaligen amerikanischen und französischen Zone, wo die staatlichen Gesundheitsämter bestehen blieben und nur die Großstädte meist eine Ausnahme bilden.

Den Gesundheitsämtern in Stadt- und Landkreisen mit einem Kreisarzt bzw. Amtsarzt an der Spitze ist als höhere Verwaltungsbehörde der Regierungspräsident mit seinem ärztlichen Dezernenten übergeordnet, der wieder der Aufsicht der Gesundheitsabteilung des zuständigen Ministeriums untersteht. Für Berlin, dessen Verwaltung 1948 von den östlichen Machthabern gespalten wurde, bestehen besondere Verhältnisse, zumal Berlin (Westberlin) gleichermaßen Stadt und Land ist. Da hier eine besondere Mittelinstanz als höhere Verwaltungsbehörde, die früher der Polizeipräsident vertrat, nicht vorhanden ist, werden die Aufgaben dieser Instanz von dem für das Gesundheitswesen zuständigen Senatsmitglied wahrgenommen. Ihm unterstehen fachaufsichtlich die Gesundheitsämter der Berliner Bezirke mit einem Amtsarzt und dem Bezirksstadtrat für Gesundheitswesen an der Spitze.

Aufgaben

Nach § 3 des Gesetzes haben die Gesundheitsämter u. a. folgende Aufgaben:

1. Die Überwachung der medizinalpolizeilichen Bestimmungen und deren Durchführung.
2. Die Mitwirkung bei der Bekämpfung übertragbarer Krankheiten und Kontrolle der allgemeinen Ortshygiene

3. Die Eheberatung, gesundheitliche Volksbelehrung, Schulgesundheitspflege, Mütter- und Kinderberatung, die Fürsorge für Tuberkulose, Geschlechtskranke, Körperbehinderte, Sieche und Süchtige.
4. Die ärztliche Mitwirkung bei Maßnahmen zur Förderung der Körperpflege und Leibesübungen.
5. Die amts-, gerichts- und vertrauensärztliche Tätigkeit, soweit sie durch Landesrecht den Amtsärzten (Leiter der Gesundheitsämter) übertragen ist.

Die Berufstätigkeit der ärztlichen Hilfskräfte unterliegt der Beaufsichtigung durch die Gesundheitsämter, unbeschadet der Dienstaufsicht des zuständigen Arbeitgebers.

Verhütung und Bekämpfung übertragbarer Krankheiten

Das Land Preußen erließ bereits im Jahre 1835 ein Regulativ zur Verhütung der Verbreitung übertragbarer Krankheiten und zu ihrer Bekämpfung, das s. Z. den anderen Bundesstaaten als Vorbild diente. Die Seuchengesetzgebung war jedoch noch für viele Jahre in Deutschland uneinheitlich.

Die schweren Epidemien, von denen alle Teile der Welt in früheren Jahrhunderten durch das Auftreten gemeingefährlicher Erkrankungen betroffen wurden, zuletzt noch im Jahre 1892, als in Hamburg eine Choleraepidemie ausbrach, an der 18 000 Menschen erkrankten und 8605 starben, zeigten die Unzulänglichkeit der bestehenden Bestimmungen zur Bekämpfung übertragbarer Krankheiten. Es ist das Verdienst von ROBERT KOCH, daß im Jahre 1900 ein *Gesetz zur Bekämpfung gemeingefährlicher Krankheiten*, das sogenannte *Reichsseuchengesetz*, zustande kam, das Krankheiten zusammenfaßte, die wegen ihres seuchenhaften Auftretens eine Sonderstellung unter den übertragbaren Krankheiten einnehmen mußten. Dazu gehörten Aussatz, Cholera, Fleckfieber, Gelbfieber, Pest und Pocken.

Eine im Jahre 1938 erlassene *Verordnung zur Bekämpfung übertragbarer Krankheiten* ergänzte das Reichsseuchengesetz und galt bis zum Jahre 1961 als die gesetzliche Grundlage für die Seuchenbekämpfung aller westdeutschen Länder. Sie bestimmte u. a., in welchen Fällen beim Auftreten übertragbarer Krankheiten Verdacht, Erkrankung und Todesfall zu melden sind. Nach dem Kriege haben einzelne Länder ergänzende Gesetze und Verordnungen erlassen, die dem jeweiligen wissenschaftlichen Stand seuchenhygienischer Erkenntnisse angepaßt wurden. Fast alle diese gesetzlichen Bestimmungen sind am Ende des Jahres 1961 außer Kraft getreten.

Gesetz zur Verhütung und Bekämpfung übertragbarer Krankheiten beim Menschen (Bundes-Seuchengesetz) vom 18. 7. 1961 (BGBl. I S. 1012) in der Fassung vom 25. 8. 1971 (BGBl. I S. 1401)

Wenn auch — mit Ausnahme von vereinzelten Erkrankungen an Fleckfieber und in den letzten Jahren an Pocken — im 20. Jahrhundert innerhalb Deutschlands keine gemeingefährlichen Krankheiten mehr auftraten, so erkranken doch jährlich viele Tausende an melde- und nichtmeldepflichtigen übertragbaren Krankheiten. Diese Tatsache und die weitgehende Aufsplitterung des Seuchenrechts durch die vielen Reichs- und Länderverordnungen ließen eine möglichst einheitliche Seuchenbekämpfung und -verhütung wünschenswert erscheinen. Unter Zugrundelegung der neuesten epidemiologischen Erkenntnisse und unter Berücksichtigung zahlreicher Schutzmaßnahmen allgemein-hygienischer Art wurde in jahrelanger Arbeit gemeinsam mit allen Ländern und gesundheitspolitischen Gremien das Bundes-Seuchengesetz geschaffen. Mit Wirkung vom 1. 1. 1962 bildet es nunmehr für alle westdeutschen Länder die gesetzliche Grundlage für die Verhütung und Bekämpfung übertragbarer Krankheiten.

Im ersten der zehn Abschnitte des Gesetzes werden Begriffsbestimmungen definiert. So sind übertragbare Krankheiten im Sinne dieses Gesetzes durch Krankheitserreger verursachte Krankheiten, die unmittelbar oder mittelbar auf den Menschen übertragen werden können. Ferner ist im Sinne dieses Gesetzes eine Person

1. *krank*, die an einer übertragbaren Krankheit erkrankt ist,
2. *krankheitsverdächtig*, die unter Erscheinungen erkrankt ist, welche das Vorliegen einer bestimmten übertragbaren Krankheit vermuten lassen,
3. *ansteckungsverdächtig*, von der anzunehmen ist, daß sie Erreger einer übertragbaren Krankheit aufgenommen hat, ohne krank, krankheitsverdächtig oder Ausscheider zu sein,
4. *Ausscheider*, die Krankheitserreger dauernd oder zeitweilig ausscheidet, ohne krank oder krankheitsverdächtig zu sein,
5. *ausscheidungsverdächtig*, von der anzunehmen ist, daß sie Krankheitserreger ausscheidet, ohne krank oder krankheitsverdächtig zu sein (§§ 1 und 2).

Der zweite und dritte Abschnitt regeln die *Meldepflicht* (§§ 3—9). Danach ist meldepflichtig jeder Fall einer *Erkrankung*, des *Verdachts* einer Erkrankung und eines *Todes* an

1. Aussatz,
2. Botulismus,
3. Cholera,
4. Enteritis infectiosa
   a) Salmonellose,
   b) übrige Formen,
5. Fleckfieber,
6. übertragbarer Gehirnentzündung (Enzephalitis),
7. Gelbfieber,
8. übertragbarer Kinderlähmung (Poliomyelitis),
9. Mikrosporie,
10. Milzbrand,
11. Ornithose
    a) Psittacose,
    b) übrige Formen,
12. Paratyphus A und B,

13. Pest,
14. Pocken,
15. Rückfallfieber,
16. Ruhr
    a) bakterielle Ruhr,
    b) Amöbenruhr,
17. Tollwut,
18. Tuberkulose
    a) der Atmungsorgane (aktiv),
    b) der Haut,
    c) der übrigen Organe,
19. Tularämie,
20. Typhus abdominalis.

Ferner ist meldepflichtig jeder Fall einer *Erkrankung* und eines *Todes* an

1. Brucellose
    a) Bangsche Krankheit,
    b) Maltafieber,
    c) übrige Formen,
2. Diphtherie,
3. übertragbare Hirnhautentzündung
    a) Meningokokken-Meningitis,
    b) übrige Formen,
4. Hepatitis infectiosa,
5. Kindbettfieber (Puerperalfieber)
    a) bei oder nach Geburt,
    b) bei oder nach Fehlgeburt,
6. Leptospirose
    a) Weilsche Krankheit,
    b) Feldfieber,
    c) Canicolafieber,
    d) übrige Formen,
7. Malaria
    a) Ersterkrankung,
    b) Rückfall,
8. Q-Fieber,
9. Rotz,
10. Scharlach,
11. Toxoplasmose,
12. Trachom,
13. Trichinose,
14. Wundstarrkrampf (Tetanus).

Auch ist meldepflichtig jeder *Todesfall* an

1. Grippe,
2. Keuchhusten,
3. Masern.

Schließlich ist meldepflichtig jeder *Ausscheider von Erregern* von

1. Enteritis infectiosa (Salmonellose),
2. Paratyphus A und B,
3. bakterieller Ruhr,
4. Typhus abdominalis.

Zur *unverzüglichen Meldung*, spätestens 24 Stunden nach erlangter Kenntnis, an das für den Aufenthalt des Betroffenen zuständige Gesundheitsamt sind in nachstehender Reihenfolge verpflichtet

1. der behandelnde oder sonst hinzugezogene Arzt,
2. jede sonstige mit der Behandlung oder der Pflege des Betroffenen berufsmäßig beschäftigte Person,
3. die hinzugezogene Hebamme,
4. das Familienhaupt,
5. der Leichenbeschauer.

In Krankenhäusern oder Entbindungsheimen trifft die Verpflichtung zu Ziff. 1 den leitenden Arzt bzw. den leitenden Abteilungsarzt.

Ausscheider haben jeden Wechsel der Wohnung und jeden Wechsel der Arbeitsstätte unverzüglich dem bisher zuständigen Gesundheitsamt anzuzeigen. Bei jeder Aufnahme in ein Krankenhaus oder Entbindungsheim oder bei Inanspruchnahme einer Hebamme haben sie dem behandelnden Arzt mitzuteilen, daß sie Ausscheider sind.

Ein nicht nur vereinzeltes Auftreten von Erkrankungen an Coli-Dyspepsie, Erysipel, Masern, Mumps, Röteln oder Windpocken in Krankenanstalten oder Entbindungsheimen muß ebenfalls gemeldet werden.

Der vierte Abschnitt behandelt sehr ausführlich Vorschriften zur *Verhütung übertragbarer Krankheiten.* Allgemein hat zunächst die zuständige Behörde alle notwendigen Maßnahmen zur Abwendung der dem einzelnen oder der Allgemeinheit drohenden Gefahren zu treffen. Das Gesundheitsamt hat nach entsprechender Ermittlung die zuständige Behörde zu unterrichten und geeignete Maßnahmen vorzuschlagen. Bei Gefahr im Verzuge kann das Gesundheitsamt selbst Anordnungen treffen und die zuständige Behörde davon unterrichten. Wird diese Anordnung nicht innerhalb von 2 Tagen aufgehoben, gilt sie als von der zuständigen Behörde erlassen (§ 10).

In den weiteren Vorschriften sind die *hygienische Überwachung des Trink- und Brauchwassers,* vor allem in Verbindung mit der gewerbsmäßigen Herstellung der Lebensmittel, und die einwandfreie *Beseitigung der festen und flüssigen Abfall- und Schmutzstoffe* sowie die *Bekämpfung tierischer Schädlinge,* sofern durch sie Krankheitserreger verbreitet werden können, geregelt (§§ 11—13).

Weiter ist festgelegt, daß die Gesundheitsämter öffentliche Termine zur Durchführung *unentgeltlicher Schutzimpfungen* gegen die von der zuständigen obersten Landesbehörde zu bezeichnenden übertragbaren Krankheiten abzuhalten haben. In einem von der zuständigen Behörde unentgeltlich abzugebenden *Impfbuch* sind alle Impfungen vom impfenden Arzt einzutragen (§§ 14—16).

In bestimmten *Lebensmittelbetrieben* (Molkereien, milchverarbeitende Betriebe, gewerbsmäßige Herstellung von Speiseeis, Gewinnung oder Verarbeitung von Fleisch und Fleischerzeugnissen), in *Küchen* von Gaststätten, Krankenhäusern usw. und in *Gemeinschaftseinrichtungen* zur *Gemeinschaftsverpflegung* sowie bei der Gewinnung, Aufbereitung und Verteilung von *Trinkwasser* dürfen bei bestimmten Arbeiten keine Personen beschäftigt werden, die an Typhus, Paratyphus, Salmonellose, Ruhr, Hepatitis infectiosa oder Scharlach erkrankt oder dessen verdächtig sind, die an ansteckungsfähiger Tuberkulose oder an ansteckenden Hautkrankheiten erkrankt sind und die Erreger von Typhus, Paratyphus, Salmonellosen oder Ruhr dauernd oder zeitweilig ausscheiden oder dessen verdächtig sind. Die Einstellung von Personen in derartigen Lebensmittelbetrieben kann nur erfolgen, wenn sie durch ein Zeugnis des Gesundheitsamtes, das nicht älter als ein Jahr ist, nachweisen, daß bei ihnen keine der vorgenannten Hinderungsgründe vorliegen. Nach jeweiliger Anordnung der zuständigen Behörde sind Wiederholungsuntersuchungen durchzuführen (§§ 17 und 18).

Arbeiten und Verkehr mit Krankheitserregern sind erlaubnispflichtig mit Ausnahme für Ärzte, Zahnärzte und Tierärzte, soweit sie sich auf diagnostische Untersuchungen oder therapeutische Maßnahmen für die eigene Praxis beschränken. Die Erlaubnis wird nur unter bestimmten Voraussetzungen (u. a. Nachweis der Sachkenntnis und Zuverlässigkeit) von der zuständigen Behörde erteilt. Sie kann beim Vorliegen bestimmter Gründe die Erlaubnis zurücknehmen (§§ 19—29).

Im fünften Abschnitt werden die Vorschriften zur *Bekämpfung übertragbarer Krankheiten* behandelt, in denen die Einzelheiten der vom Gesundheitsamt vorzunehmenden Ermittlungen beim Auftreten meldepflichtiger Fälle festgelegt sind (§§ 31 bis 33).

Nach den zu *treffenden Schutzmaßnahmen* können *Kranke, Krankheitsverdächtige, Ansteckungsverdächtige, Ausscheider* und *Ausscheidungsverdächtige* einer *Beobachtung* unterworfen werden (§ 36), außerdem kann diesem Personenkreis die *Ausübung bestimmter beruflicher Tätigkeiten* ganz oder teilweise *verboten* werden (§ 38). Ferner müssen an Cholera, Fleckfieber, Pest, Pocken, Rückfallfieber oder Typhus Erkrankte oder Erkrankungsverdächtige in einem Krankenhaus *abgesondert* werden (§ 37). Schließlich ist in besonderen Fällen eine *Entwesung, Entseuchung* oder *Entrattung* anzuordnen (§ 39). Tritt eine meldepflichtige übertragbare Krankheit in *epidemischer* Form auf, kann die zuständige Behörde Ansammlungen einer größeren Anzahl von Menschen wie Veranstaltungen in Theatern, Filmtheatern, Vergnügungs- oder Gaststätten und die Abhaltung von Märkten, Messen, Tagungen, Volksfesten oder Sportveranstaltungen *beschränken* oder *verbieten* und Badeanstalten *schließen* (§ 43).

Der sechste Abschnitt behandelt *besondere Vorschriften für Schulen und sonstige Gemeinschaftseinrichtungen.* Danach dürfen Lehrer, Schüler, sonstige Schulbedienstete und in Schulgebäuden wohnende Personen, die an einer meldepflichtigen übertragbaren Krankheit oder an ansteckender Borkenflechte, Keuchhusten, Krätze, Masern, Mumps, Röteln, Windpocken *erkrankt* oder dessen *verdächtig* sind, die dem Unterricht dienenden Räume nicht betreten, bis eine Weiterverbreitung der Krankheit nach ärztlichem Urteil nicht mehr zu befürchten ist. *Ausscheider* dürfen nur mit Zustimmung des Gesundheitsamtes und unter Beachtung vorgeschriebener Schutzmaßnahmen die Schule betreten und ihre Einrichtungen benutzen. Dasselbe gilt auch für die obengenannten Personen, in deren Wohngemeinschaft eine der übertragbaren Krankheiten, für die bei Erkrankung, Verdacht einer Erkrankung und bei Tod die Meldepflicht vorgesehen ist, sowie Diphtherie, Hepatitis infectiosa oder Scharlach aufgetreten sind (§ 45). Die zuständige Behörde kann beim Auftreten übertragbarer Krankheiten auf Vorschlag des Gesundheitsamtes die Schließung von Schulen oder einzelnen Schulklassen anordnen (§ 46). Lehrer, Schulbedienstete und zur Vorbereitung auf den Lehrerberuf in Schulen tätige Personen müssen vor Aufnahme ihrer Tätigkeit und jährlich einmal durch Vorlage eines Zeugnisses des Gesundheitsamtes, ausgestellt auf Grund einer Röntgenaufnahme der Lungen, der zuständigen Behörde nachweisen, daß bei ihnen keine ansteckungsfähige Tuberkulose der Atmungsorgane vorliegt (§ 47). Diese Bestimmungen (§§ 45—47) gelten entsprechend in Schülerheimen, Schullandheimen, Säuglingsheimen, Kinderheimen, Kindertagesstätten, Lehrlingsheimen, Jugendwohnheimen und Ferienlagern für das Aufsichts-, Lehr-, Erziehungs-, Pflege- und Hauspersonal dieser Einrichtungen (§ 48).

Im siebenten Abschnitt ist die *Entschädigung in besonderen Fällen* geregelt. Danach erhalten *Ausscheider, Ausscheidungsverdächtige* und *Ansteckungsverdächtige,* die auf Grund dieses Gesetzes *Berufsverboten* unterworfen werden und dadurch einen Verdienstausfall erleiden, eine *Entschädigung in Geld.* Sie beträgt für die ersten sechs Wochen die Höhe des Verdienstausfalles, von der siebten Woche an wird sie nach den Sätzen des § 182 Abs. 4 a der RVO gewährt, soweit der Verdienstausfall die für die gesetzliche Krankenversicherungspflicht der Angestellten maßgebende Jahresarbeitsverdienstgrenze nicht übersteigt. Über die Entschädigungsleistungen und den Entschädigungsberechtigten auch in Beziehung zur gesetzlichen Rentenversicherung und Unfallversicherung wurden ausführliche Vorschriften erlassen (§§ 49, 49 a—c und 50).

Ebenfalls hat Anspruch auf Entschädigungsleistungen, wer durch eine gesetzlich vorgeschriebene oder auf Grund dieses Gesetzes angeordnete oder eine von einer Gesundheitsbehörde öffentlich empfohlene und in ihrem Bereich vorgenommene oder auf Grund der Verordnungen zur Ausführung der Internationalen Gesundheitsvorschriften durchgeführte Impfung einen über das übliche Ausmaß einer Impfreaktion hinausgehenden Gesundheitsschaden erleidet (§§ 51—52). Er erhält auf Antrag Versorgung in entsprechender Anwendung der Vorschriften des Bundesversorgungsgesetzes (§§ 51—61).

In den letzten drei Abschnitten dieses Gesetzes sind die Regelung der Kosten (öffentliche Mittel für alle im öffentlichen Interesse liegenden Maßnahmen), die Straf- und Bußgeldvorschriften (Freiheitsstrafe bis zu zwei Jahren und Geldbuße bis zu 5000,— DM) sowie die Übergangs- und Schlußbestimmungen aufgeführt.

Impfgesetz vom 8. 4. 1874 (RGBl. I S. 31)

Die Einführung eines Impfgesetzes wurde veranlaßt durch die nach dem Krieg 1871/72 in Deutschland aufgetretene sehr schwere Pockenepidemie, die über 100 000 Todesfälle forderte, zumal sich zeigte, daß das schutzgeimpfte Heer weitgehend von der Epidemie verschont blieb. Die Verordnungen und Erlasse zu diesem Gesetz behandeln die einzelnen Bestimmungen über die Herstellung des Impfstoffes und die Ausführung der Impfung. Die Kuhpockenimpfung ist die älteste aktive Immunisierung mit lebenden oder abgeschwächten Erregern eines Impfstoffes, der durch Benutzung von Kälbern gewonnen und in staatlichen Impfanstalten hergestellt wird.

Jedes Kind soll nach dem Gesetz vor Ablauf des auf sein Geburtsjahr folgenden Kalenderjahres und jeder Schüler während des 12. Lebensjahres geimpft werden, falls nicht ein ärztliches Zeugnis Befreiungsgründe oder das Überstehen der natürlichen Pocken ausweist. Da nach den Feststellungen des Bundesgesundheitsamtes die Erstimpfung von Kindern, die das 3. Lebensjahr überschritten haben, mit erhöhten Gefahren verbunden ist, darf die Pockenschutzimpfung nach diesem Zeitpunkt nur in Verbindung mit besonderen Schutzmaßnahmen (Vorimpfung mit Vakzineantigen) erfolgen. Den Erstimpfpflichtigen sind solche Wiederimpfpflichtige gleichgestellt, bei denen nicht durch Impfnarben oder in anderer Weise zuverlässig nachgewiesen ist, daß sie einmal erfolgreich gegen Pocken geimpft wurden. Impfungen dürfen nur von approbierten Ärzten vorgenommen werden und werden im allgemeinen an öffentlichen Impfterminen durch Impfärzte ausgeführt. Bei der nach einer Woche erfolgenden Nachschau wird festgestellt, ob „mit Erfolg" oder „ohne Erfolg" geimpft wurde. War die Impfung erfolglos, so muß sie unverzüglich wiederholt werden, damit der Impfling nicht überaltert. Bleibt auch die 2. Wiederholungsimpfung (3. Impfung) erfolglos, so ist damit der Impfpflicht genügt.

Diese Impfungen sind unentgeltlich im Gegensatz zu Privatimpfungen, die auch erlaubt sind. Die unbegründete Nichtbefolgung der amtlichen Aufforderung zum Impftermin wird mit Geldstrafe belegt; jedoch darf körperlicher Zwang nicht ausgeübt werden.

Impfschäden sind dem Amtsarzt zu melden, der ihre Ursachen zu erforschen, für Abstellung von Fehlern, aber auch für Aufklärung irriger Vorstellungen in der Bevölkerung zu sorgen hat.

Eltern oder Vormünder der Impfpflichtigen erhalten Merkblätter über die Pockenschutz-Erstimpfung und über die Pockenschutz-Wiederimpfung. U. a. ist vor der Impfung genau zu beachten, daß aus Wohngemeinschaften mit Personen, die an fieberhaften Krankheiten leiden, und aus einem Gehöft, in dem Maul- und Klauenseuche herrscht, kein impfpflichtiges Kind zum allgemeinen Impftermin oder Nachschautermin gebracht werden darf.

Wenn ein Kind nicht ohne Gefahr geimpft werden kann, so ist es gemäß ärztlichem Zeugnis zurückzustellen. Über den Gesundheitszustand des impfpflichtigen Kindes ist dem Impfarzt unaufgefordert Mitteilung zu machen, insbesondere, ob in seiner Umgebung ungeimpfte Personen an Hautausschlägen, eitrigen oder roseartigen Krankheiten leiden, oder ob der Impfling selbst hieran bzw. an Ohrenfluß, Augen- oder Augenlidentzündungen, Drüsenschwellungen, Rachitis, Krämpfen oder anderen Krankheiten des Nervensystems leidet oder gelitten hat.

Nach erfolgreicher Impfung zeigen sich an den Impfstellen vom vierten Tage an Bläschen, die sich bis zum 7. Tag zu Impfpusteln entwickeln. Dabei können Fieber und Appetitlosigkeit auftreten. Nach der Verbreiterung des roten Entzündungshofes verschorfen die Impfpusteln, der Schorf fällt später von selbst ab.

Jede Berührung der ansteckenden Impfstellen ist bis zu ihrer völligen Vernarbung zu vermeiden, sie sind vor Verschmutzung und Kratzen zu schützen. Die Impfstellen sind trocken zu halten, das Aufbringen von Öl, Fett oder Salbe ist zu unterlassen. Berührungen mit Kindern oder Erwachsenen, die an ansteckenden Krankheiten, eiternden Geschwüren o. ä. leiden, sind zu vermeiden.

Der Impfschein ist sorgfältig aufzuheben.

Bei unregelmäßigem Verlauf der Impfpocken und jeder erheblichen Erkrankung ist der Impfarzt um Rat zu fragen.

Der Ansicht, daß die Durchführung der gesetzlichen Pockenschutzimpfung in Deutschland heute überflüssig sei, muß energisch entgegengetreten werden. Noch immer sterben alljährlich in Süd- und Südostasien, Südafrika und auch in Südamerika Tausende an den Pocken. Diese früher allgemein verbreitete Seuche ist in Deutschland infolge der Durchführung des Impfgesetzes praktisch erloschen und nahezu unbekannt geworden. Die Entwicklung des internationalen Verkehrs bringt jedoch die Pockengefahr wieder näher. Wenn lückenhaft geimpft wird, kann daher die Seuche erneut ausbrechen. Vorkommnisse in einigen Nachbarländern, aber auch in Deutschland, weisen nachdrücklich auf diese Gefahr hin. Jeder kann einmal in die Lage versetzt werden, eine Auslandsreise in Pockengebiete unternehmen zu müssen oder kann mit Menschen in Berührung kommen, die auf einer Auslandsreise einer Pockeninfektion ausgesetzt waren. Es ist daher nicht zu verantworten, die deutsche Bevölkerung ohne Impfschutz zu lassen. Nur durch die Erstimpfung des Kleinkindes und durch die Wiederimpfung im 12. Lebensjahr und durch weitere Wiederimpfungen vor der Einreise in Pockengebiete wird eine genügende Abwehrkraft erreicht.

Papageienkrankheit

Viehseuchengesetz vom 27. 2. 1969 (BGBl. I S. 158) und Psittakose-Verordnung vom 9. 7. 1970 (BGBl. I S. 1055)

Die für den Menschen hochinfektiöse Krankheit der Papageien und Sittiche zeichnet sich durch hohe Sterblichkeit aus. Daher sind Zucht und Handel mit diesen Tieren zum Schutze der Allgemeinheit genehmigungspflichtig. Beim Auftreten von Erkrankungs- und Todesfällen im Tierbestand ist der Tierhalter verpflichtet, unverzüglich Anzeige bei der zuständigen Polizeibehörde zu erstatten. Erkrankung oder Verdacht der Erkrankung sowie Todesfall beim Menschen sind nach den Bestimmungen des Bundes-Seuchengesetzes meldepflichtig.

Gesetz zur Bekämpfung der Geschlechtskrankheiten vom 23. 7. 1953 (BGBl. I S. 700)

Geschlechtskrankheiten im Sinne dieses Gesetzes sind Syphilis (Lues), Tripper (Gonorrhoe), weicher Schanker (Ulcus molle) und Venerische Lymphknotenentzündung (Lymphogranulomatosis inguinalis Nicolas und Favre), ohne Rücksicht darauf, an welchen Körperteilen die Krankheitserscheinungen auftreten.

Die Bekämpfung der Geschlechtskrankheiten umfaßt Maßnahmen zur Verhütung, Feststellung, Erkennung und Heilung der Erkrankung sowie die vorbeugende und nachgehende Gesundheitsfürsorge. Zu diesem Zweck werden die im Grundgesetz anerkannten Grundrechte auf körperliche Unversehrtheit und auf Freiheit der Person eingeschränkt. Die Durchführung dieser Aufgabe obliegt den Gesundheitsämtern.

Wer an einer Geschlechtskrankheit leidet und dies weiß oder den Umständen nach annehmen muß, ist verpflichtet, sich unverzüglich von einem in Deutschland bestallten oder zugelassenen Arzt untersuchen und behandeln zu lassen oder sich in ein geeignetes Krankenhaus zu begeben, wenn das Gesundheitsamt dies anordnet, weil er sich der Behandlung entzogen hat oder die Einweisung zur Verhütung der Ansteckung erforderlich ist. Von Geschlechtskranken sowie Personen, die dringend verdächtig sind, geschlechtskrank zu sein und Geschlechtskrankheiten weiter zu verbreiten, kann das Gesundheitsamt ein ärztliches Zeugnis über ihren Gesundsheitszustand fordern. Die Befolgung dieser Vorschriften kann mit Zwangsmitteln durchgesetzt werden. Wer sich weigert, der Anordnung des Gesundheitsamtes, sich in einem Krankenhaus zur Behandlung oder Beobachtung aufnehmen zu lassen, nachzukommen, ist sofort, spätestens am Tage nach der Festnahme, dem Amtsgericht mit dem Antrage auf zwangsweise Einweisung in ein Krankenhaus vorzuführen. Wer nach zwangsweiser Einweisung ohne Erlaubnis des leitenden Arztes das Krankenhaus verläßt, wird mit Freiheitsstrafe bis zu 1 Jahr und mit Geldstrafe oder mit einer dieser Strafen bestraft.

Wer an einer Geschlechtskrankheit leidet, hat sich des Geschlechtsverkehrs zu enthalten und ist außerdem verpflichtet, auch wenn er zu irgendeiner Zeit an Syphilis gelitten hat, sich vor der Eheschließung ärztlich daraufhin untersuchen zu lassen, ob er die Ehe unbedenklich eingehen kann. Bestehen keine Bedenken, so ist ihm hierüber ein Zeugnis auszustellen. Kann das Unbedenklichkeitszeugnis nicht erteilt werden, so ist er verpflichtet, vor Eingehung der Ehe dem anderen Teil über seine Krankheit Mitteilung zu machen. Wer gegen diese Vorschriften verstößt, wird mit Freiheitsstrafe bis zu 3 Jahren und mit Geldstrafe oder einer dieser Strafen bestraft. Die Verfolgung tritt nur auf Antrag ein.

Wer, ohne Arzt zu sein, Geschlechtskranke oder Personen, die von Krankheiten oder Leiden der Geschlechtsorgane befallen sind, behandelt, wird mit Freiheitsstrafe bis zu 2 Jahren und mit Geldstrafe oder mit einer dieser Strafen bestraft. Der Arzt ist verpflichtet, untersuchte und behandelte Personen über die Art der Krankheit und Ansteckungsfähigkeit sowie über die strafrechtlichen Folgen bei Verletzung der gesetzlichen Bestimmungen zu belehren, möglichst durch Aushändigung amtlich genehmigter Merkblätter.

Ein Geschlechtskranker ist von dem behandelnden Arzt namentlich dem Gesundheitsamt zu melden, wenn er Beginn oder Fortsetzung der Behandlung verweigert, durch seine Lebensweise eine ernste Gefahr der Übertragung auf andere bildet, falsche Angaben über die Ansteckungsquelle oder über die durch ihn gefährdeten Personen macht oder das 18. Lebensjahr noch nicht vollendet hat und sittlich gefährdet erscheint. Ferner sind dem zuständigen Gesundheitsamt unverzüglich die als mutmaßliche Ansteckungsquelle oder als gefährdet bekanntgegebenen Personen zu melden, die nicht erreichbar sind oder der Aufforderung, sich in ärztliche Behandlung zu begeben, nicht nachkommen. Wird als Ansteckungsquelle eine Person angegeben, bei welcher der dringende Verdacht auf Geschlechtsverkehr mit häufig wechselnden Partnern besteht, so hat der Arzt ebenfalls diese Person dem Gesundheitsamt zu melden.

Eine Frau, die geschlechtskrank ist, darf kein fremdes Kind stillen und ihre Milch nicht abgeben. Ein an Tripper erkranktes Kind darf von einer anderen Person als der Mutter nur dann gestillt werden, wenn diese zuvor durch einen Arzt über die Krankheit des Kindes und die gebotenen Vorsichtsmaßnahmen unterwiesen wurde. Ist das Kind an Syphilis erkrankt, so darf es nur durch die Mutter gestillt werden. Wer ein geschlechtskrankes Kind in Pflege gibt, muß den Pflegeeltern zuvor von dieser Krankheit Mitteilung machen. Wer an einer Geschlechtskrankheit leidet oder zu irgendeiner Zeit an Syphilis gelitten hat, darf kein Blut spenden. Wer gegen diese Vorschriften verstößt, wird mit Freiheitsstrafe bis zu 1 Jahr und mit Geldstrafe oder mit einer dieser Strafen bestraft. Will eine Frau ein fremdes Kind stillen, so hat sie ein ärztliches Zeugnis darüber beizubringen, daß bei ihr keine Geschlechtskrankheit nachweisbar ist. Wer ein Kind von einer anderen Person als der Mutter stillen läßt, muß im Besitz eines ärztlichen Zeugnisses darüber sein, daß eine Gesundheitsgefahr für die Stillende nicht besteht.

Außerdem bestehen noch Strafbestimmungen für die Ankündigung und den Vertrieb von Mitteln und Gegenständen zur Verhütung, Heilung oder Linderung von Geschlechtskrankheiten oder von Krankheiten oder Leiden der Geschlechtsorgane.

Die Kosten für die Untersuchung und Behandlung geschlechtskranker Personen werden je nach dem Fall vom Träger der Krankenversicherung oder dem zuständigen Rentenversicherungsträger oder aus öffentlichen Mitteln getragen.

Auf die Bestimmungen der Schweigepflicht wird hingewiesen. Ein Fall unbefugter Offenbarung liegt nicht vor, wenn sie von einem in dem Gesundheitsamt oder in der Beratungsstelle tätigen Arzt oder auf Weisung eines solchen Arztes an eine Person gemacht wird, die mit der Durchführung der aus diesem Gesetz erwachsenden Aufgaben betraut ist.

Bei der Bekämpfung der Geschlechtskrankheiten haben die Gesundheitsämter mit den Fürsorgeverbänden, den Jugendämtern, den Versicherungsträgern und der freien Wohlfahrtspflege zusammenzuarbeiten. Zur Feststellung, Untersuchung und Beratung geschlechtskranker Personen haben die Gesundheitsämter Beratungsstellen für Geschlechtskranke einzurichten. Sie haben außerdem die Aufgabe, die Bevölkerung über das Wesen und die Gefahren der Geschlechtskrankheiten aufzuklären und zu belehren.

In der Ersten Verordnung zur Durchführung des Gesetzes zur Bekämpfung der Geschlechtskrankheiten vom 28. 12. 1954 (BGBl. I S. 523) wird auf Grund des § 25 des Gesetzes die Ausstellung ärztlicher Zeugnisse, Erfassung und namentliche Meldung von Geschlechtskranken geregelt. In der Zweiten Verordnung zur Durchführung des Gesetzes zur Bekämpfung der Geschlechtskrankheiten vom 5. 7. 1955 (BGBl. I S. 402) werden auf Grund des § 17 Abs. 2 Satz 2 die ärztlichen Eingriffe bezeichnet, die nur mit Einwilligung des Kranken vorgenommen werden dürfen.

Im Gesetz zur Änderung des Gesetzes zur Bekämpfung der Geschlechtskrankheiten vom 25. 8. 1969 (GVBl. I S. 1351) wurde ein § 11a eingefügt, der die Durchführung einer Bundesstatistik für die ansteckungsfähigen Erkrankungen an einer Geschlechtskrankheit bestimmt. Danach ist jede derartige Erkrankung durch den behandelnden Arzt, ohne Nennung des Namens und der Anschrift des Erkrankten, dem Gesundheitsamt zu melden.

Anzugeben sind

1. Geburtsdatum, Geschlecht und Familienstand des Erkrankten,
2. Art der Erkrankung,
3. Beratung oder Behandlung der jetzigen Erkrankung durch einen anderen Arzt,
4. Zahl und Art früherer Erkrankungen an einer Geschlechtskrankheit.

Fürsorgerechtliche Gesetze

Bundessozialhilfegesetz (BSHG) in der Fassung vom 18. 9. 1969 (BGBl. I S. 1688)

Das Gesetz bringt eine Reform des Fürsorgerechts und setzt an die Stelle des überkommenen Armenfürsorgebegriffes die *Sozialhilfe.* Vor die materielle Hilfe wird die persönliche Hilfe gesetzt und die Hilfsmaßnahmen sollen individualisiert sein. Auf Sozialhilfe besteht ein *Rechtsanspruch,* soweit durch das Gesetz bestimmt wird, daß Hilfe zu gewähren ist. Die Hilfsmaßnahmen erfassen nicht nur das Stadium *akuter Hilfsbedürftigkeit,* sie sollen auch *vorbeugend* und *nachgehend* gewährt werden.

Hilfe zum Lebensunterhalt (§§ 11—26) wird demjenigen gewährt, der seinen notwendigen Lebensunterhalt nicht oder nicht ausreichend aus eigenen Kräften und Mitteln beschaffen kann. Zu den Hilfeleistungen gehören neben *Hilfe zur Arbeit* auch *laufende und einmalige Leistungen* sowie *Taschengeld* Laufende Leistungen werden nach *Regelsätzen* gewährt, für die besondere Vorschriften durch Rechtsverordnung erlassen werden. Ein Mehrbedarf von 30 v. H. des maßgebenden Regelsatzes ist anzuerkennen

1. für Personen, die das 65. Lebensjahr vollendet haben,
2. für Personen unter 65 Jahren, die erwerbsunfähig sind,
3. für werdende Mütter,

außerdem für Personen, die mit zwei oder drei Kindern unter 16 Jahren zusammenleben und allein für deren Pflege und Erziehung sorgen. Bei vier oder mehr Kindern erhöht sich der Mehrbedarf auf 50 v. H.

Neben der Hilfe zum Lebensunterhalt ist die vielfältige *Hilfe in besonderen Lebenslagen* das Kernstück des Gesetzes. Sie gliedert sich in

1. Hilfe zum Aufbau oder zur Sicherung der Lebensgrundlagen,
2. Ausbildungshilfe,

3. vorbeugende Gesundheitshilfe,
4. Krankenhilfe,
5. Hilfe für werdende Mütter und Wöchnerinnen,
6. Eingliederungshilfe für Behinderte,
7. Tuberkulosehilfe,
8. Blindenhilfe,
9. Hilfe zur Pflege,
10. Hilfe zur Weiterführung des Haushalts,
11. Hilfe für Gefährdete,
12. Altenhilfe.

Im Hinblick auf die Bedeutung der **Körperbehindertenfürsorge** wird auf die *Eingliederungshilfe für Behinderte* (§§ 39—47) und auf die *Sonderbestimmungen zur Sicherung der Eingliederung Behinderter* (§§ 123—126 c) näher eingegangen.

Eingliederungshilfe ist zu gewähren

1. Körperbehinderten oder von einer Körperbehinderung bedrohten Personen,
2. Blinden, von Blindheit bedrohten oder nicht nur vorübergehend wesentlich sehbehinderter Personen,
3. Personen, die durch eine Beeinträchtigung der Hörfähigkeit nicht nur vorübergehend wesentlich behindert oder von einer solchen Behinderung bedroht sind,
4. Personen, die durch eine Beeinträchtigung der Sprachfähigkeit nicht nur vorübergehend wesentlich behindert oder von einer solchen Behinderung bedroht sind,
5. Personen, die durch Schwäche ihrer geistigen Kräfte wesentlich behindert oder von einer solchen Behinderung bedroht sind.
6. Personen, die seelisch wesentlich behindert sind.

Körperbehinderte im Sinne der Ziffer 1 sind Personen, die in ihrer Bewegungsfähigkeit durch eine Beeinträchtigung ihres Stütz- oder Bewegungssystems nicht nur vorübergehend wesentlich behindert sind oder bei denen wesentliche Spaltbildungen des Gesichts oder Rumpfes bestehen.

Aufgabe der Eingliederungshilfe ist es, eine drohende Behinderung zu verhüten oder eine vorhandene Behinderung oder deren Folgen zu beseitigen oder zu mildern und dabei den Behinderten die Teilnahme am Leben in der Gemeinschaft zu ermöglichen oder zu erleichtern. Hierzu gehört vor allem, dem Behinderten die Ausübung eines angemessenen Berufs oder einer sonstigen angemessenen Tätigkeit zu ermöglichen oder ihn wenigstens unabhängig von Pflege zu machen.

Zu den *Maßnahmen der Eingliederungshilfe* (§ 40) gehören

1. ambulante oder stationäre Behandlung oder sonstige ärztlich verordnete Maßnahmen zur Verhütung, Beseitigung oder Milderung der Behinderung,
2. Versorgung mit Körperersatzstücken sowie mit orthopädischen oder anderen Hilfsmitteln,
3. Hilfe zu einer angemessenen Schulbildung,
4. Hilfe zur Ausbildung für einen angemessenen Beruf,
5. Hilfe zur Fortbildung im früheren Beruf oder zur Umschulung für einen angemessenen Beruf,
6. Hilfe zur Erlangung eines geeigneten Platzes im Arbeitsleben,
7. nachgehende Hilfe.

Der Träger der Sozialhilfe stellt einen Gesamtplan zur Durchführung der einzelnen Maßnahmen auf, bei Körperbehinderten oder von einer Körperbehinderung bedrohten Personen im Benehmen mit dem Gesundheitsamt. Bei Aufstellung des Gesamtplans und Durchführung der Maßnahmen sollen alle Beteiligten zusammenwirken, vor allem mit dem behandelnden Arzt, dem Gesundheitsamt, dem Landesarzt und den Dienststellen der Bundesanstalt für Arbeitsvermittlung und Arbeitslosenversicherung (§ 46).

Einzelheiten über den Personenkreis und die besonderen Maßnahmen der Eingliederungshilfe sind aus der jeweils gültigen Verordnung nach § 47 des Gesetzes (Eingliederungshilfe — Verordnung) zu ersehen.

Die *Einleitung ärztlicher und fürsorgerischer Maßnahmen* auf Grund der genannten *Sonderbestimmungen* erfolgt für die glei-

chen Personengruppen, für die Eingliederungshilfe gewährt wird.
Ist der Behinderte oder von Behinderung Bedrohte geschäftsunfähig oder in der Geschäftsfähigkeit beschränkt, so haben Hebammen und andere Medizinalpersonen, Lehrer, Sozialarbeiter, Kindergärtnerinnen und Hortnerinnen, die bei der Ausübung ihrer Berufe eine Behinderung oder drohende Behinderung wahrnehmen, die Personensorgeberechtigten zur Erfüllung ihrer Pflichten anzuhalten, diese Personen einem Arzt vorzustellen und im Falle einer Weigerung der Personensorgeberechtigten das Gesundheitsamt zu benachrichtigen. Ärzte haben die Aufgabe, diese Personen über die Notwendigkeit oder Möglichkeit einer ärztlichen Behandlung aufzuklären und sie durch Aushändigung eines amtlichen Merkblattes über die gesetzlichen Hilfemöglichkeiten zu unterrichten.
In jedem Land des Bundesgebietes ist mindestens ein Landesarzt zu bestellen, der die Aufgabe hat, Sprechtage zur ärztlichen Beratung einzurichten, Gutachten für die Landesbehörden zu erstatten und die für das Gesundheitswesen zuständige Landesbehörde über den Erfolg der Erfassungs-, Vorbeugungs- und Bekämpfungsmaßnahmen in der Hilfe für Behinderte regelmäßig zu unterrichten (§ 126 a). Das Gesundheitsamt hat die ärztliche Beratung durchzuführen, den Träger der Sozialhilfe zur Einleitung der erforderlichen Maßnahmen zu benachrichtigen und unaufschiebbare ambulante oder stationäre ärztliche Maßnahmen im Benehmen mit dem Träger der Sozialhilfe ggfs. im Zusammenwirken mit dem behandelnden Arzt einzuleiten (§ 126).
Auch die immer noch große Bedeutung der *Tuberkulose* in Verbindung mit den Aufgaben der **Tuberkulosefürsorge** bei den Gesundheitsämtern macht es erforderlich, auf die Bestimmungen der *Tuberkulosehilfe* (§§ 48—66) näher einzugehen. Aufgabe der Tuberkulosehilfe ist es, die Heilung Tuberkulosekranker zu fördern und zu sichern sowie die Umgebung der

Kranken gegen die Übertragung der Tuberkulose zu schützen. Die *Tuberkulosehilfe* umfaßt

1. Heilbehandlung,
2. Hilfe zur Eingliederung in das Arbeitsleben,
3. Hilfe zum Lebensunterhalt,
4. Sonderleistungen,
5. vorbeugende Hilfe (§ 48).

Die Heilbehandlung umfaßt

1. stationäre Behandlung einschließlich der Dauerbehandlung,
2. stationäre Beobachtung auch zur Klärung diagnostischer Fragen,
3. ambulante Behandlung einschließlich der hierzu erforderlichen Kontrolluntersuchungen,
4. Versorgung mit Arznei-, Heil- und Verbandmitteln,
5. Behandlung in Kur- und Badeorten,
6. häusliche Wartung und Pflege,
7. Versorgung mit Körperersatzstücken sowie mit orthopädischen und anderen Hilfsmitteln,
8. nachgehende Hilfe (§ 49).

Die *Hilfe zur Eingliederung in das Arbeitsleben* (§ 50) entspricht den Hilfsmaßnahmen für die Körperbehinderten (§ 40 Ziff. 2—7).

Hilfe zum Lebensunterhalt ist u. a. zu gewähren

1. dem Kranken,
2. dem Genesenen für die Dauer der Maßnahmen zur Eingliederung in das Arbeitsleben,
3. den Personen, zu deren Unterhalt der Kranke oder Genesene verpflichtet ist, wenn sie mit ihnen in häuslicher Gemeinschaft gelebt haben.

Außerdem soll sie Personen gewährt werden, wenn sie in Wohngemeinschaft mit einem Kranken leben, der an einer ansteckungsfähigen Tuberkulose leidet (§ 52).

Soweit der Lebensunterhalt nach Regelsätzen zu bemessen ist, ist ein Mehrbedarf von 50 v. H. des maßgebenden Regelsatzes anzuerkennen. Gegebenenfalls sind auch besondere Ernährungszulagen zu gewähren (§ 53). Darüber hinaus sind *Sonderleistungen* z. B. Beihilfen für Haushaltskräfte, zur Verbesserung der Wohnverhältnisse usw. (§ 56) und *vorbeugende Hilfe* besonders für Minderjährige und Mütter, die mit einem ansteckungsfähigen Tuberkulosekranken in Wohngemeinschaft leben (§ 57), vorgesehen.

Tuberkulosehilfe kann bei dem für den Wohnsitz des Antragstellers zuständigen Gesundheitsamt oder bei der Gemeinde beantragt werden. Nach Stellungnahme des Gesundheitsamtes wird der Antrag dem Träger der Sozialhilfe zugeleitet. Das Gesundheitsamt und der Träger der Sozialhilfe können auch von sich aus Anträge stellen (§ 63).

Der *Träger der Sozialhilfe* und das *Gesundheitsamt* haben den Kranken oder Genesenen, die Personen, die mit in häuslicher Gemeinschaft leben oder bis zur Erkrankung gelebt haben, sowie die sonstigen Hilfeempfänger zu *beraten* und in geeigneter Weise *aufzuklären*, wie die Heilung gefördert und gesichert, die Pflege durchgeführt und die Ansteckung vermieden werden kann. Gegebenenfalls können auch Weisungen erteilt werden. Einschränkung der Hilfe und Versagung der Sonderleistungen können bei groben Verstößen der Kranken, Genesenen oder sonstigen Hilfeempfänger gegen Weisungen des Trägers der Sozialhilfe erfolgen (§ 64). Durch Rechtsverordnung können nähere Vorschriften über Inhalt und Umfang der genannten Leistungen erlassen werden (§ 65).

Für Träger der Tuberkulosehilfe, die nicht Träger der Sozialhilfe (z. B. öffentlicher Dienst) sind, bestehen Sonderbestimmungen (§§ 127—131), wonach der Dienstherr oder der jeweilige Träger der Versorgungslast Tuberkulosehilfe zu gewähren hat.

Die weiteren Bestimmungen des Bundessozialhilfegesetzes regeln den Einsatz von Einkommen und Vermögen (§§ 76—89) und den Kostenersatz (§ 92). Besondere Bestimmungen befassen sich mit der Bildung von Arbeitsgemeinschaften der an der Durchführung der Sozialhilfe Beteiligten zwecks Sicherstellung einer wirksamen Zusammenarbeit.

Im Rahmen der vorbeugenden Hilfe müssen alle Personen, die mit der Betreuung tuberkulosekranker Personen zu tun haben, die Unfallverhütungsvorschriften und ein Merkblatt der Berufsgenossenschaft für Gesundheitsdienst und Wohlfahrtspflege zur Kenntnis nehmen und beachten (S. 62).

Gesetz für Jugendwohlfahrt (JWG) in der Fassung vom 6. 8. 1970 (BGBl. I S. 1197)

Es bestimmt die Durchführung der Jugendfürsorge und die Bildung von Jugendämtern im Hinblick darauf, daß jedes deutsche Kind ein Recht auf Erziehung zur leiblichen, seelischen und gesellschaftlichen Tüchtigkeit hat. Zu den Aufgaben des Jugendamtes gehören u. a. der Pflegekinderschutz, Schutzaufsicht und Fürsorgeerziehung sowie Mitwirkung im Vormundschaftswesen und Jugendgerichtshilfe. Das Jugendamt besteht aus dem Jugendwohlfahrtsausschuß und der Verwaltung des Jugendamtes. Dem Jugendwohlfahrtsausschuß muß u. a. auch ein Arzt des Gesundheitsamtes angehören. Das Gesundheitsamt und das Jugendamt müssen ihre Maßnahmen aufeinander abstimmen.

Nach dem **Gesetz zum Schutze der arbeitenden Jugend (Jugendarbeitsschutzgesetz)** vom 9. 8. 1960 (BGBl. I S. 665) ist die Beschäftigung von Kindern bis 14 Jahren verboten. Die wöchentliche Arbeitszeit von Jugendlichen bis 16 Jahre darf 40 Stunden, der Jugendlichen über 16 Jahre 44 Stunden nicht überschreiten. Ferner sind neben der Zeit für die Berufsschulpflicht Ruhepause, Freizeit, Nachtruhe und Sonntagsruhe festgelegt. Ein Urlaub von mindestens 24 Tagen jährlich bei

Fortzahlung des Entgelts ist vorgeschrieben. Durch Vorlage einer ärztlichen Bescheinigung beim Arbeitgeber wird die ärztliche Untersuchung bzw. Nachuntersuchung sichergestellt. Diese wird nach der Verordnung über die ärztlichen Untersuchungen nach dem Jugendarbeitsschutzgesetz vom 2. 10. 1961 (BGBl. I S. 1789) geändert durch Verordnung vom 5. 9. 1968 (BGBl. I S. 1013) vorgenommen.

Gesetz zum Schutze der erwerbstätigen Mutter (Mutterschutzgesetz) in der Fassung vom 18. 4. 1968 (BGBl. I S. 315).

Dieses Gesetz gewährt Frauen, die in einem Arbeitsverhältnis stehen, während der Schwangerschaft und nach der Geburt folgenden Schutz:

1. Wenn nach ärztlichem Zeugnis Leben oder Gesundheit von Mutter oder Kind gefährdet ist, dürfen werdende Mütter nicht weiterbeschäftigt werden.
2. In den letzten sechs Wochen vor der Entbindung dürfen werdende Mütter nicht beschäftigt werden, außer wenn sie sich zur Arbeitsleistung bereit erklären.
3. Werdende Mütter dürfen nicht mit schweren körperlichen Arbeiten und nicht mit Arbeiten beschäftigt werden, bei denen sie schädlichen Einwirkungen von gesundheitsgefährdenden Stoffen oder Strahlen, von Staub, Gasen oder Dämpfen, von Hitze, Kälte oder Nässe, von Erschütterungen oder Lärm ausgesetzt sind. Insbesondere dürfen keine Arbeiten mit Heben von Lasten über 5 kg (gelegentlich von mehr als 10 kg Gewicht) gefordert werden sowie Arbeiten im Stehen, in Hock- oder Beugestellung, Bedienung von Maschinen mit hoher Fußbeanspruchung usw.
4. Auch mit Akkordarbeit oder Fließarbeit im vorgeschriebenen Arbeitstempo dürfen werdende Mütter nicht beschäftigt werden.

5. Mehrarbeit, Nacht- und Sonntagsarbeit dürfen von werdenden und stillenden Müttern nicht verrichtet werden.
6. Eine Kündigung durch den Arbeitgeber darf während der Schwangerschaft und bis zum Ablauf von vier Monaten nach der Entbindung nicht erfolgen.
7. Wöchnerinnen dürfen bis zum Ablauf von acht Wochen nach der Entbindung nicht beschäftigt werden. Für Mütter nach Früh- und Mehrlingsgeburten verlängert sich diese Frist auf zwölf Wochen.
8. Stillenden Müttern sind während der Arbeitszeit Stillpausen ohne Lohnausfall zu gewähren.

Dem Arbeitgeber sollen werdende Mütter ihre Schwangerschaft und den mutmaßlichen Tag ihrer Niederkunft mitteilen, sobald ihnen ihr Zustand bekannt ist.. Das Zeugnis eines Arztes oder einer Hebamme ist auf Verlangen vorzulegen. Der Arbeitgeber hat die Aufsichtsbehörde unverzüglich von der Mitteilung der werdenden Mutter zu benachrichtigen. Die Mitteilung der werdenden Mutter darf er Dritten gegenüber nicht unbefugt bekannt geben.

Leistungen:

Unter dieses Gesetz fallende Frauen, die wegen eines Beschäftigungsverbots oder wegen Mehr-, Nacht- oder Sonntagsarbeitsverbots teilweise oder völlig mit der Arbeit aussetzen und deren Schutzfrist vor der Entbindung noch nicht begonnen hat, ist vom Arbeitgeber mindestens der Durchschnittsverdienst der letzten 13 Wochen oder der letzten drei Monate vor Beginn des Monats, in dem die Schwangerschaft eingetreten ist, weiter zu gewähren.

Frauen, die in der gesetzlichen Krankenversicherung versichert sind, erhalten während der Schutzfristen vor und nach der Entbindung ein Mutterschaftsgeld in Höhe des Netto-Arbeitsentgelts zu Lasten des Bundes nach den Vorschriften der RVO über das Mutterschaftsgeld. Nicht in der gesetzlichen Krankenversicherung versicherte Frauen erhalten, wenn sie bei Beginn der Schutzfrist vor der Entbindung in einem Arbeitsverhältnis stehen oder in Heimarbeit beschäftigt sind, ebenfalls während der Schutzfristen vor und nach der Entbindung Mutterschaftsgeld zu Lasten des Bundes in entsprechender Anwendung der Vorschriften der RVO über das Mutterschaftsgeld. Darüber hinaus sieht das Gesetz solche Unterstützung für im Familienhaushalt Beschäftigte vor.

Frauen, die in der gesetzlichen Krankenversicherung versichert sind, erhalten auch die sonstigen Leistungen der Mutterschaftshilfe nach den Vorschriften der RVO. Dazu gehören:

1. Ärztliche Betreuung und Hilfe sowie Hebammenhilfe,

2. Versorgung mit Arznei-, Verband- und Heilmitteln,

3. Pauschbeträge für die im Zusammenhang mit der Entbindung entstandenen Aufwendungen,

4. Pflege in einer Entbindungs- oder Krankenanstalt.

Für Untersuchungen im Rahmen der Mutterschaftshilfe hat der Arbeitgeber Freizeit ohne Entgeltausfall zu gewähren. Ferner enthält das Gesetz Vorschriften über die Durchführung der gesetzlichen Maßnahmen und die Bestimmungen über die Straftaten und Ordnungswidrigkeiten. Vorsätzlich begangene Ordnungswidrigkeiten können mit einer Geldbuße bis zu 5000,— DM und fahrlässig begangene bis zu 2500,— DM geahndet werden. Wer darüber hinaus die Frau in ihrer Arbeitskraft oder Gesundheit gefährdet, wird mit Freiheitsstrafe bis zu einem Jahr und mit Geldstrafe oder mit einer dieser Strafen bestraft.

Auch die Verletzung der Aufsichtspflicht kann mit Geldbuße geahndet werden.

In Betrieben und Verwaltungen, in denen regelmäßig mehr als drei Frauen beschäftigt werden, ist ein Abdruck dieses Gesetzes an geeigneter Stelle zur Einsicht auszulegen oder auszuhängen.

Die Bekämpfung der Geschwulsterkrankungen

Irgendwelche gesetzliche Grundlagen zur Bekämpfung der Geschwulsterkrankungen bestehen vorläufig noch nicht. Daß es sich hierbei jedoch um ein vordringliches Problem handelt, geht schon daraus hervor, daß die Geschwulsterkrankungen heute den zweiten Platz in der Todesursachenstatistik einnehmen und die Todesfälle das Vielfache derjenigen an Tuberkulose betragen. Wenn auch diese Zunahme z. T. durch die Verlängerung der durchschnittlichen Lebensdauer und eine bessere diagnostische Erfassung bedingt ist, so ist die Häufigkeit der Geschwulsterkrankungen doch alarmierend und damit eine gelenkte Bekämpfung begründet.

Nach § 31c des Gesetzes über die Vereinheitlichung des Gesundheitswesens ist die gesundheitliche Volksbelehrung Aufgabe der Gesundheitsämter. Da diese hier nur sinnvoll ist, wenn neben der notwendigen Aufklärung über Wesen und Gefahren dieser Krankheit entsprechende Möglichkeiten zur Untersuchung vorhanden sind, haben heute Gesundheitsämter, Universitätskliniken und Krankenanstalten mit z. T. angeschlossenen cytologischen Laboratorien Geschwulstberatungsstellen eingerichtet. Diese Beratungsstellen führen kostenlose Untersuchungen durch und veranlassen bei bestehendem Verdacht die sofortige Überweisung an einen Arzt. Bei guter Zusammenarbeit zwischen Ärzten, Krankenhäusern und Gesundheitsämtern kann durch Früherfassung der Geschwulsterkrankungen und entsprechender Frühbehandlung eine wirkungsvolle Bekämpfung ermöglicht werden. In den meisten Ländern findet auch eine intensive nachgehende Fürsorge für bereits behandelte Kranke statt.

Atomgesetz und Strahlenschutzverordnung

Gesetz über die friedliche Verwendung der Kernenergie und den Schutz gegen ihre Gefahren (Atomgesetz)

vom 23. 12. 1959 (BGBl. S. 814), geändert durch das Erste Gesetz zur Änderung und Ergänzung des Atomgesetzes vom 23. 4. 1963 (BGBl. I S. 201).

Das Gesetz beabsichtigt, die Erforschung, Entwicklung und Nutzung der Kernenergie zu friedlichen Zwecken zu fördern und Leben, Gesundheit und Sachgüter vor den Gefahren der Kernenergie und der schädlichen Wirkung ionisierender Strahlen zu schützen. Es regelt u. a. die Genehmigung zur Aufbewahrung von Kernbrennstoffen, die Genehmigung von Anlagen zur Erzeugung oder zur Spaltung von Kernbrennstoffen und enthält Ermächtigungsvorschriften über Genehmigung, Anzeige und allgemeine Zulassung für den Umgang mit radioaktiven Stoffen und über die Schutzmaßnahmen. Durch von der Bundesregierung zu erlassende Rechtsverordnungen können danach bestimmt werden

1. Vorsorge- und Überwachungsmaßnahmen zum Schutze einzelner und der Allgemeinheit,
2. die Vorsorge, daß bestimmte Strahlendosen und Konzentrationen radioaktiver Stoffe in Luft und Wasser nicht überschritten werden,
3. die Beschäftigung von Personen in strahlengefährdeten Bereichen nur nach Vorlage einer Bescheinigung besonders ermächtigter Ärzte und bei Bedenken gesundheitlicher Art durch Entscheidung der Aufsichtsbehörde nach Anhörung ärztlicher Sachverständiger,
4. die Verpflichtung der in strahlengefährdeten Bereichen arbeitenden Personen, Messungen der Strahlendosen an ihrem Körper, ärztliche Untersuchungen und evtl. ärztliche Behandlung (zum Schutze anderer Personen oder der Allgemeinheit) durch besonders ermächtigte Ärzte zu dulden.

Im Anschluß an die Bestimmungen über die gesetzlichen Schadensverpflichtungen, die Entschädigung und die Staatsaufsicht werden die Zuständigkeit der Verwaltungsbehörden, die Haftungsvorschriften und die Straf- und Bußgeldvorschriften behandelt. Die Atomgesetze der Länder wurden aufgehoben.

Die Erste Verordnung über den Schutz vor Schäden durch Strahlen radioaktiver Stoffe (Erste Strahlenschutzverordnung) vom 24. 6. 1960 (BGBl. I S. 430), zuletzt geändert durch die Zweite Verordnung zur Änderung und Ergänzung der Ersten Strahlenschutzverordnung vom 12. 8. 1965 (BGBl. I S. 759), regelt die Genehmigungs- und Schutzvorschriften für den Umgang mit radioaktiven Stoffen sowie u. a. auch die ärztliche Überwachung. Hiernach darf der Arbeitgeber einem Arbeitnehmer den Umgang mit offenen radioaktiven Stoffen nur erlauben, wenn dieser innerhalb der letzten 2 Monate vor Beginn der Beschäftigung von einem durch die nach Landesrecht zuständige Behörde ermächtigten Arzt untersucht worden ist und dem Arbeitgeber hierüber eine Bescheinigung vorliegt, nach der dieser Beschäftigung keine gesundheitlichen Bedenken entgegenstehen. Eine Weiterbeschäftigung durch den Arbeitgeber nach Ablauf von 6 Monaten seit der letzten Untersuchung darf nur stattfinden, wenn eine entsprechende Nachuntersuchung erfolgt ist und die gesundheitliche Unbedenklichkeit dem Arbeitgeber bescheinigt wird.

Bei Bestrahlung mit einer erhöhten Einzeldosis oder bei Aufnahme radioaktiver Stoffe in den Körper hat der Arbeitgeber dafür zu sorgen, daß der Arbeitnehmer sofort ärztlich untersucht wird. Darüber hinaus werden auch ärztliche Untersuchungen auf Anordnung der Aufsichtsbehörde vorgenommen. Personen, die das 18. Lebensjahr noch nicht vollendet haben sowie schwangere oder stillende Frauen dürfen nicht mit offenen radioaktiven Stoffen umgehen und nicht in Kontrollbereichen tätig werden, die durch das Wort „RADIOAKTIV" gekennzeichnet sind.

Unfälle und sonstige Schadensfälle beim Umgang mit radioaktiven Stoffen oder bei der Beförderung dieser Stoffe sind unverzüglich der Aufsichtsbehörde anzuzeigen.

Die Verordnung über den Schutz vor Schäden durch ionisierende Strahlen in Schulen (Zweite Strahlenschutzverordnung) vom 18. 7. 1964 (BGBl. I S. 500) regelt die Verwendung von radioaktiven Stoffen und den Betrieb von Röntgengeräten im Zusammenhang mit dem Unterricht in Schulen, die Lagerung und Beseitigung der radioaktiven Stoffe sowie den Verkehr mit diesen Stoffen. Sie ist anzuwenden auf alle öffentlichen und privaten allgemeinbildenden und berufsbildenden Schulen sowie u. a. auf Ausbildungsstätten für medizinisch-technische Berufe und für medizinische Hilfsberufe.

Eine auf Grund des § 7 Abs. 2 und § 30 des Arzneimittelgesetzes (s. folgenden Abschnitt) erlassene Verordnung über die Zulassung von Arzneimitteln, die mit ionisierenden Strahlen behandelt worden sind oder die radioaktive Stoffe enthalten, in der zuletzt geänderten Fassung vom 10. 5. 1971 (BGBl. I S. 449), faßt Ausnahmen zusammen, wonach Arzneimittel ähnlich wie Lebensmittel nach der Lebensmittelbestrahlungs-Verordnung zu Kontroll- und Dosierungszwecken mit ionisierenden Strahlen behandelt werden dürfen. Die Abgabe radioaktiver Arzneimittel ist grundsätzlich auf Krankenanstalten, Tierkliniken und wissenschaftlichen Forschungsanstalten beschränkt. An frei praktizierende Ärzte außerhalb dieser Institute dürfen nur bestimmte radioaktive Stoffe in begrenzten Mengen und, soweit es sich um offene radioaktive Stoffe handelt, in abgabefertigen Packungen, die eine Anwendung des Inhalts ohne Abfüllen oder Umfüllen ermöglichen, abgegeben werden.

Arznei- und Betäubungsmittel

Im Gesetz über den Verkehr mit Arzneimitteln (Arzneimittelgesetz) vom 16. 5. 1961 (BGBl. I S. 533), das bereits mehrfach geändert wurde, wird das Arzneimittel von seiner Funktion und nicht vom Krankheitsbegriff aus definiert. Auch Sera und Impfstoffe *sind* im Sinne dieses Gesetzes Arzneimittel, während u. a. Gegenstände wie z. B. Zahnersatz, Knochenersatz, Kanülen, keimfreie oder Arzneimittel enthaltende Verbandstoffe und Desinfektionsmittel als Arzneimittel *gelten*. Neben den *Anforderungen*, die an *Arzneimittel* und an die *Herstellung* (Erlaubnispflicht) außerhalb der Apotheke gestellt werden müssen, enthält das Gesetz u. a. Bestimmungen über die *Deklarationspflicht*, das *zentrale Spezialitätenregister* und die *Abgabe von Arzneimitteln*. Durch Rechtsverordnungen wurden die bisherigen landesrechtlichen Bestimmungen u. a. für die Abgabe *verschreibungspflichtiger* Arzneimittel, die auch die Anforderungen an Form und Inhalt der Rezepte sowie Vorschriften über die wiederholte Abgabe eines Arzneimittels auf einer Verschreibung enthalten, bundeseinheitlich geregelt.

Für die Abgabe von Betäubungsmitteln **gelten besondere** gesetzliche Bestimmungen, deren Grundlage das **Gesetz über den Verkehr mit Betäubungsmitteln (Betäubungsmittelgesetz)** vom 10. Dezember 1929 (RGBl. I S. 215) in der Fassung vom 10. 1. 1972 (BGBl. I S. 1) mit Nachträgen und Durchführungsverordnungen bildet. Die Abgabe der Betäubungsmittel unterliegt daher der Verordnung über das Verschreiben Betäubungsmittel enthaltender Arzneien und ihre Abgabe in den Apotheken vom 19. 12. 1930 (RGBl. I S. 635) in der jeweils geltenden Fassung. U. a. gehören dazu folgende Stoffe: Acedicon, Dicodid, Dilaudid, Dolantin, Eukodal, Kokain, Morphium, Opium, Pantopon, Pervitin, Polamidon. Diese Regelung ist notwendig, da durch die Gewöhnung an Betäubungsmittel die Gefahr der Süchtigkeit besteht. Daher dürfen auch von Krankenpflegepersonen Betäubungsmittel nur auf ärztliche Anordnung an die Patienten abgegeben werden, wobei Pflegepersonen eine besondere Verantwortung, auch sich selbst gegenüber, auferlegt wird. Insbesondere gehört die Morphiumspritze in die Hand des Arztes, nur in Ausnahmefällen darf sie erfahrenen Pflegepersonen, die das besondere Vertrauen des verantwortlichen Arztes besitzen, anvertraut werden. So bestehen für die Verwendung von Betäubungsmitteln und den Verbleibsnachweis in Berliner städtischen Krankenanstalten Grundsätze, die die Verantwortlichkeit der Aufsicht über den Vorrat und die Ausgabe regeln sowie die Führung der Betäubungsmittelbücher (ABl. für Berlin Nr. 36 vom 27. 8. 1965). Hier wird u. a. vorgeschrieben:

Betäubungsmittel enthaltende Arzneien, die sich außerhalb der Anstaltsapotheke befinden, sind getrennt von anderen Arzneien aufzubewahren und unter ständigem Verschluß zu halten. Der ärztliche Direktor der Krankenanstalt oder für die einzelne Abteilung oder Station der leitende Abteilungsarzt (Chefarzt) beauftragt eine Schwester (einen Pfleger) mit der Aufsicht über den Vorrat und mit der Ausgabe. Nur dieser Beauftragte darf Betäubungsmittel aus dem Vorrat abgeben. Für die Zeit seiner Abwesenheit (Nachtdienst usw.) gibt er Betäubungsmittel aus, über deren Verwendung mit ihm abzurechnen ist[1]).

Bezug und Verbrauch der Betäubungsmittel sowie den Bestand hat der mit der Aufsicht über den Vorrat und mit der Ausgabe Beauftragte in ein besonderes, mit fortlaufenden Seitenzahlen versehenes Betäubungsmittelbuch für Krankenanstalten einzutragen. Im ersten Teil des Betäubungsmittelbuches ist jede Anwendung nach Tag, Art, Zubereitungsform

---

1) Es ist üblich, daß mit dieser verantwortlichen Aufgabe die leitende Schwester betraut wird.

und Menge des Mittels mit Angabe des Kranken täglich einzutragen und von dem Arzt (Zahnarzt), der die Anwendung angeordnet, sowie von der Schwester (dem Pfleger), die die Anwendung durchgeführt hat, gegenzuzeichnen. Am Schlusse eines jeden Monats ist die Gesamtmenge der verwendeten Betäubungsmittel, nach Art und Zubereitungsform getrennt, festzustellen und unter diesen Eintragungen zu vermerken. Im zweiten Teil des Betäubungsmittelbuches ist zu Beginn eines jeden Monats der Bestand an den einzelnen Betäubungsmitteln einzutragen, darunter laufend jeder Zugang nach Tag, Art, Zubereitungsform und Menge. In Anstalten, die nicht über eine Apotheke verfügen, hat der Arzt, der die Betäubungsmittel enthaltenden Arzneien verschrieben hat, die Angaben über den Zugang gegenzuzeichnen.

Am Schluß eines jeden Monats ist aus dem Bestand am Beginn des Monats, dem Zugang und Verbrauch während des Monats der rechnerische Bestand (Sollbestand) festzustellen und einzutragen, darunter der tatsächliche (Istbestand). Diese Eintragungen sind am Ersten eines jeden Monats vom ärztlichen Direktor oder, wenn sie eine einzelne Abteilung betreffen, vom leitenden Abteilungsarzt (Chefarzt) gegenzuzeichnen. Verfügt die Krankenanstalt über eine Apotheke, so überprüft ihr Leiter mindestens vierteljährlich die Aufzeichnungen über den Zugang von Betäubungsmitteln auf den Stationen und vergleicht sie mit seinen eigenen Aufzeichnungen über die Abgabe an die Stationen.

Verkehr mit Lebensmitteln

Das Gesetz über den Verkehr mit Lebensmitteln und Bedarfsgegenständen in der Fassung vom 21. 12. 1958 (BGBl. I S. 950), zuletzt geändert am 8. 9. 1969 (BGBl. I S. 1590), soll den Menschen vor gesundheitlichen Gefahren aus diesem Bereich schützen. Der Verkehr mit Milch und Fleisch wird durch spezielle gesetzliche Vorschriften außerhalb des Lebensmittelgesetzes geregelt.

Lebensmittel können einmal von vornherein gesundheitsschädlich sein, z. B. Milch von kranken Tieren, tuberkulöses oder trichinöses Fleisch, Pilze usw., oder sie können durch unsachgemäße Behandlung, Verarbeitung und Lagerung gesundheitsschädlich werden. Es ist daher verboten:

> Lebensmittel für andere derart zu gewinnen, herzustellen, zuzubereiten, zu verpacken, aufzubewahren oder zu befördern, daß der Genuß die menschliche Gesundheit zu schädigen geeignet ist.

Ferner soll der Käufer von Lebensmitteln vor wirtschaftlichem Schaden bewahrt werden. Es ist daher weiter verboten:

> Lebensmittel zum Zwecke der Täuschung nachzuahmen oder zu verfälschen,
> Lebensmittel anzubieten, zu verkaufen oder sonst in den Verkehr zu bringen, die verdorben, nachgemacht oder verfälscht sind, desgleichen solche, deren Bezeichnung, Angabe oder Aufmachung irreführend sind.

Die Vorschrift, daß alle nicht natürlichen Zusätze zu Lebensmitteln verboten sind, die nicht ausdrücklich wegen ihrer gesundheitlichen Unbedenklichkeit dafür zugelassen wurden, machte den Erlaß zahlreicher Veränderungen erforderlich, wie die Verordnung über die Zulassung fremder Stoffe als Zusatz zu Lebensmitteln, die Konservierungsstoff-Verordnung, die Farbstoff-Verordnung usw. Darin sind über die Bestimmungen der Lebensmittel-Kennzeichnungs-Verordnung hinaus auch genaue Vorschriften über die Kenntlichmachung solcher zugelassenen Fremdstoffe z. B. auf Speisekarten enthalten.

Die häufigen Änderungen solcher Vorschriften sind auch aus der Vereinheitlichung im Rahmen der Europäischen Wirtschaftsgemeinschaft (EWG) zu verstehen.

Eine besondere Bedeutung hat die Verordnung über diätetische Lebensmittel vom 20. 6. 1963 (BGBl. I S. 415) in der Fassung vom 22. 12. 1965 (BGBl. I S. 2140) erlangt:

Fertigerzeugnisse für ganz bestimmte diätetische Zwecke unterliegen zur Unterrichtung des Arztes und des Verbrauchers strengen Anforderungen an Zusammensetzung und Deklaration. Anders als bei in der Krankenpflege diätetisch verwendeten Lebensmitteln ist hier der Begriff „diätetisch" aufzufassen. Ein „gewöhnliches" Lebensmittel kann vom Arzt diätetisch eingesetzt werden, damit ist es aber kein diätetisches Lebensmittel im Sinne der Verordnung. Solche müssen sich von anderen Lebensmitteln vergleichbarer Art durch ihre Zusammensetzung oder ihre Eigenschaften maßgeblich unterscheiden. Lebensmittel, die nicht ausschließlich zu diätetischen Zwecken hergestellt worden sind oder keine ausschließlich diätetischen Zwecken dienende Bearbeitung erfahren haben, sind keine diätetischen Lebensmittel. Als diätetische Lebensmittel gelten aber alle für Säuglinge bestimmten Lebensmittel.

Zunehmende Bedeutung erlangt die Rückstandsproblematik von Pflanzenschutz-, Vorratsschutz- und Schädlingsbekämpfungsmitteln (Pestizide) bei Lebensmitteln. Zum Gesundheitsschutz des Verbrauchers wurde daher im Jahre 1966 die Höchstmengen-Verordnung erlassen, wonach beim Inverkehrbringen von Lebensmitteln pflanzlicher Herkunft bestimmte Höchstmengen an Pestiziden nicht überschritten sein dürfen. Eine entsprechende Regelung bei Lebensmitteln tierischer Herkunft ist vorgesehen.

Desinfektion

Die Desinfektion dient zur Vernichtung der Krankheitserreger sowie des Körper- und Hausungeziefers (Entwesung). Wir unterscheiden bei der vorschriftsmäßigen Vernichtung der Krankheitserreger durch anerkannte physikalische und chemische Verfahren eine laufende Desinfektion und die Schlußdesinfektion.
Gemäß § 41 des Bundes-Seuchengesetzes hat das Bundesgesundheitsamt Listen der von ihm geprüften Mittel und Verfahren für die nach § 39 des Gesetzes anzuordnenden Desinfektionen im Bundesgesundheitsblatt veröffentlicht.

1. **Physikalische Maßnahmen**

   Durch trockene Hitze:
   Verbrennung wertloser Gegenstände,
   Durch feuchte Hitze:
   bei Siedehitze des Wassers (100° Celsius in 20 Min.), bei strömendem Wasserdampf (105° Celsius Einwirkungszeit 90 Min., bei modernen Apparatetypen kürzere Zeit).

2. **Chemische Maßnahmen**

Wäsche- und Kleiderdesinfektion
1,5%ige Formalinlösung — Einwirkungszeit 12 Stunden.
Anwendbar bei allen übertragbaren Krankheiten einschließlich Tuberkulose. Bei Viruskrankheiten neben Formalin auch 5%ige Phenole u. a. Mittel z. B. Gevisol.
Im übrigen Phenole-Kresole-Chlorxylenole mit Seifenlösung sowie Tego in vorgeschriebenen Konzentrationen.

Zimmerdesinfektion
3%ige Formalinlösung — Einwirkungszeit 4 Stunden.
Anwendbar bei allen übertragbaren Krankheiten einschließlich Tuberkulose. Wirksamstes Mittel zur Zimmerdesinfektion bei Tuberkulose!

Außerdem besonders zugelassene formaldehydhaltige, chlorhaltige oder verschiedene Phenole enthaltende Seifenlösungen.

Stuhldesinfektion

20%ige Kalkmilch: 1 Teil Stuhl und 2 Teile Kalkmilch — Einwirkungszeit 6 Stunden. Geformten Stuhl mit Holzstäbchen verteilen! Unwirksam bei Tuberkulose!

Das Kalkverfahren ist vorwiegend für Krankenhäuser geeignet.
Im Privathaushalt:

5%iges Alkalysol,
5%iges Tb-Bacillol oder
5%iges Tb-Lysoform
— Einwirkungszeit 6 Stunden.

Geformten Stuhl mit Holzstäbchen verteilen!
Anwendbar bei allen übertragbaren Krankheiten einschließlich Tuberkulose.

Auswurfdesinfektion

5% Alkalysol 5% Amocid 5% Bac 5% Bacillotox 5% Baktolan 6% Chloramin 5% Gevisol 5% Parmetol 5% Tb-Bacillol 5% Tb-Lysoform	Einwirkungszeit 4 Stunden

1 Teil Auswurf und 2 Teile 5%ige Verdünnung der angeführten Mittel. Anwendbar bei allen übertragbaren Krankheiten einschließlich Tuberkulose.

Händedesinfektion

1. Hygienische Händedesinfektion bei übertragbaren Krankheiten

2% Baktol 2% Neosept 2% Sagrotan 2% Tego u. a.	Einwirkungszeit 2 Minuten

auch Alkohole und Alkoholpräparate wie Septikal, H_5, Rapidosept.

2. Händeentkeimung zur Operationsvorbereitung

2% Quartamon 2% Zephirol u. a. Baktosept 3 ml	Einwirkungszeit 2—5 Minuten

Bei ständiger Anwendung Hautschutz durch Fettcreme.

Desinfektion durch Auskochen

Gewebe aus Baumwolle, Flachs, Hanf oder Nessel (Bett- und Weißwäsche) können bei nicht zu grober Verschmutzung durch Auskochen unter Zusatz von wenigstens 0,25 % Soda desinfiziert werden.
Kunstfaser-, Seide- und Wollgewebe sind wegen einer möglichen Faserschädigung mit chemischen Mitteln zu desinfizieren (s. auch Wäsche- und Kleiderdesinfektion).
Das Eßgerät und Eßgeschirr sind zweckmäßig durch Auskochen (eventuell durch Einlegen in 3%ige Formalinlösung während 4 Stunden) zu desinfizieren.

Schlußdesinfektion

Formaldehydverdampfung nach dem Verfahren von Flügge oder Befeuchten der Flächen mit 3%iger wäßriger Formalinlösung oder 3%iger Chloraminlösung.

Kurzer Überblick über die geschichtliche Entwicklung der Krankenpflege

Die Hilfsbereitschaft für den kranken Menschen hat sich aus weltanschaulichen und religiösen Einflüssen maßgeblich entwickelt. Diese Hilfsbereitschaft beschränkte sich zunächst innerhalb der Familie auf die erkrankten Familienangehörigen, solange sie zu Hause untergebracht waren. In einer fremden Umgebung jedoch mußten auch fremde Hilfskräfte herangezogen werden, so daß die Entwicklung der Krankenpflege eng mit der des Krankenhauswesens verbunden ist.

Den bedeutendsten Einfluß auf die Entstehung einer Krankenpflege hatte die christliche Religion mit ihrem Gedankengut der selbstlosen Nächstenliebe, so daß die Sorge um die Kranken zur religiösen und sittlichen Pflicht wurde. Im Neuen Testament ist dieser Dienst mit dem Wort Diakonie bezeichnet. Die Arbeit in der Diakonie ging aber über die Ausübung einer Krankenpflege hinaus und bezog Gottesdienst und geistlichen Beistand ein. So entstand besonders in Gegenden, wo Klöster gegründet wurden, deren Insassen häufig die Heilkunde ausübten, eine Krankenpflege. Erst im Mittelalter, als das Krankenhauswesen sich stärker entwickelte, wurde das Bedürfnis auch nach weltlichen Krankenpflegepersonen größer. So bildeten sich im Anschluß an die Kreuzzüge ritterliche und weltliche Orden sowie Hospitalgemeinschaften, die sich teilweise aus Barmherzigkeit einer krankenpflegerischen Tätigkeit innerhalb und außerhalb von Krankenanstalten angenommen haben. Im 16. und 17. Jahrhundert konnte ein Fortschritt in dieser Entwicklung nicht festgestellt werden, besonders auch in Deutschland, so daß das Krankenpflegewesen noch im 18. Jahrhundert auf einer recht niedrigen Stufe stand.

Vom 17. bis 19. Jahrhundert entwickelten sich von Frankreich aus über die Vincentinerinnen und Borromäerinnen zahlreiche katholische Schwesternorganisationen, die später auch in

Deutschland eigene Mutterhäuser gründeten und sich in der Anstalts- und Gemeindepflege betätigten. Im 19. Jahrhundert versuchte man, sich von der Anschauung freizumachen, daß Frauen, die die Krankenpflege ausüben wollten, einem geistlichen Orden angehören müssen; so bemühte sich nun auch die protestantische Kirche, ähnliche Einrichtungen zu schaffen. Während der napoleonischen Kriege bildeten sich in Deutschland Frauenvereine, die bereit waren, auf dem Gebiet der Krankenpflege zu wirken. 1836 wurde in Kaiserswerth ein Krankenhaus als Ausbildungsstätte für Diakonissinnen von dem Pfarrer Theodor Fliedner eröffnet, dem als Begründer des Diakonissenwesens ein großer Verdienst zukommt. Das Kaiserswerther Diakonissenhaus als Mutterhaus bildete den Schwestern einen Ersatz für das aufgegebene Familienleben. Von hier aus verbreiteten sich die Mutterhäuser über Deutschland bis ins Ausland.

Sehr wesentlichen Einfluß auf die weitere Entwicklung der Krankenpflege hatte Florence Nightingale aus England, die den Standpunkt vertrat, daß nicht nur konfessionelle Einrichtungen die Krankenpflege auszuüben brauchen; auch gelang es ihr, die Öffentlichkeit davon zu überzeugen, daß Krankenpflege eine Kunst sei und für diese Pflichten eine Ausbildung notwendig ist. Sie gründete 1860 die erste Ausbildungsstätte für Krankenschwestern ohne Ordensbindung in London.

Bedeutende Impulse zu weiterem Ausbau der Krankenpflege gingen von Vereinigungen zur Förderung der Kriegskrankenpflege aus, insbesondere vom Roten Kreuz, dessen Begründer der Schweizer Henry Dunant war. 1864 war nach internationalen Konferenzen die Genfer Konvention zustandegekommen, nach der ein verwundeter und kranker Soldat nicht mehr als Feind angesehen werden sollte, sondern nur noch als Mensch, dem die Fürsorge galt. Dazu war es notwendig, daß im Kriege das gesamte Sanitätspersonal unter den Ausnahmebestimmungen der Neutralität stehen mußte. Die Genfer Konvention bestimmte auch die Neutralitätsflagge und das Abzeichen (rotes Kreuz auf weißem Grund). Die daraufhin entstandenen Landesvereine vom Roten Kreuz, die von den Regierungen sehr unterstützt wurden, förderten den Gedanken der Krankenpflege außerordentlich, zumal die Tätigkeit des Roten Kreuzes auch in Friedenszeiten bedeutende Aufgaben zu erfüllen hatte.

So bildeten sich im 19. Jahrhundert neben den konfessionellen Vereinigungen zahlreiche beachtliche weltliche Krankenpflegevereine, die den Bedarf an Krankenschwestern bei dem ständigen weiteren Ausbau der Krankenanstalten decken mußten. Die Aufsplitterung und Spezialisierung in der Heilkunde brachte es mit sich, daß auch pflegerische Fachkräfte notwendig wurden, besonders in der Irrenpflege und Säuglingspflege.

Erst in den letzten Jahrzehnten zeigte sich die Notwendigkeit, die Ausbildung in der Krankenpflege der privaten Initiative zu entziehen, da die steigenden Anforderungen im krankenpflegerischen Beruf eine Verlängerung und Vertiefung der Ausbildung erforderlich machten. Nur durch eine einheitliche Ausbildung und Prüfung mit staatlicher Anerkennung, wie sie zunächst durch das 1938 erlassene Gesetz zur Ordnung der Krankenpflege und 1957 durch das neue Krankenpflegegesetz in Verbindung mit den Änderungsgesetzen in Deutschland geregelt wurde, konnte die Voraussetzung zu einer ordnungsgemäßen Ausbildung in der Krankenpflege geschaffen werden.

Abkürzungen

AnVNG	=	Angestelltenversicherung-Neuregelungsgesetz
Art.	=	Artikel
ArVNG	=	Arbeiterrentenversicherungs-Neuregelungsgesetz
BAT	=	Bundes-Angestelltentarifvertrag
BGB	=	Bürgerliches Gesetzbuch
BGBl	=	Bundesgesetzblatt
BSHG	=	Bundessozialhilfegesetz
Dbl	=	Dienstblatt des Senats von Berlin
DVO	=	Durchführungsverordnung
GG	=	Grundgesetz
GVBl	=	Gesetz- und Verordnungsblatt für Berlin
JWG	=	Jugendwohlfahrtsgesetz
RdErl	=	Runderlaß
RGBl	=	Reichsgesetzblatt
RMBliV	=	Reichsministerialblatt für die innere Verwaltung
RMdI	=	Reichsminister des Innern
RVO	=	Reichsversicherungsordnung
StGB	=	Strafgesetzbuch
UVNG	=	Unfallversicherungs-Neuregelungsgesetz
UVV	=	Unfallverhütungsvorschriften
VO	=	Verordnung
VW	=	Volkswohlfahrt

BCG = Bacille Calmette-Guérin

Otto Helfer

Männer der Medizin

Illustrierte Kurzbiographien zusammengestellt von Otto Helfer unter Mitwirkung von Berta Kaboth. 4., erweiterte Auflage mit 171 Porträts. Klein-Oktav. 110 Seiten. 1968. Kartoniert DM 5,80 ISBN 3 11 000608 1

Das Buch soll während der Ausbildungszeit allen Schwesternschülerinnen, dem Pflegepersonal und auch den Studenten der Medizin einen kurzgefaßten Überblick über die bedeutendsten Ärzte, Chemiker, Physiker und Naturheilkundler vermitteln, die sich um die Entwicklung der Medizin besonders verdient gemacht haben und die jedem, der sich mit dem Studium der Heilkunde befaßt, irgendwann einmal begegnen.

Die 4. Auflage wurde wiederum um einige Persönlichkeiten erweitert. Im Hinblick auf die heutige Bedeutung der Tropenmedizin wurden mehrere Tropenmediziner, sowie einige berühmte Chemiker, die auf dem Gebiet der Blut- und Fermentchemie Grundlagenforschung betrieben haben, neu aufgenommen.

Berta Kaboth

Lehrbuch der Instrumentenkunde für die Operationspraxis

7., neu bearbeitete Auflage. Mit 93 Abbildungen, darunter 41 Operationstische. Groß-Oktav. XII, 238 Seiten. 1966. Gebunden DM 28,— ISBN 3 11 000596 4

Werner Schlungbaum

Medizinische Strahlenkunde

Eine Einführung in die physikalischen, technischen und biologischen Grundlagen der medizinischen Strahlenanwendung für Mediziner und medizinisch-technische Assistentinnen.
4., neubearbeitete Auflage mit 198 Abbildungen und 5 Farbtafeln. Oktav. XXIV, 377 Seiten. 1970.
Gebunden DM 42,— ISBN 3 11 006366 2

Der Stoff ist straff und übersichtlich dargestellt, die wesentlichen Prinzipien und Methoden sind klar herausgearbeitet. Der Text ist beispielshaft durch Abbildungen von Geräten, durch Kurven, Tabellen und schematische Zeichnungen ergänzt. Das Buch stellt nicht nur eine ausgezeichnete Einführung für den Studenten und die radiologisch bzw. nuklearmedizinisch tätige medizinisch-technische Assistentin dar, sondern vermag auch den Fachkollegen zur Fortbildung anzuregen. Auch bei der Vorbereitung von Vorlesungen ist die moderne Darstellungsart oft von Nutzen. Nuclearische Medizin

Erich Thulcke

Lehrbuch für Massöre

3., völlig neu bearbeitete Auflage. Mit 133, meist farbigen Abbildungen für den anatomischen und 24 Tafeln mit Trickzeichnungen für den praktischen Teil. Groß-Oktav. XVI, 517 Seiten. 1967. Gebunden DM 48,—
ISBN 3 11 000601 4

Kolibri 360 GmbH
Ferdinand-Jühlke-Straße 7
99095 Erfurt, Deutschland
produktsicherheit@kolibri360.de